EDITION **Leid**faden
Hrsg. von Monika Müller

Die Buchreihe *Edition Leidfaden* ist Teil des Programmschwerpunkts »Trauerbegleitung« bei Vandenhoeck & Ruprecht, in dessen Zentrum seit 2012 die Zeitschrift »Leidfaden – Fachmagazin für Krisen, Leid, Trauer« steht. Die Edition bietet Grundlagen zu wichtigen Einzelthemen und Fragestellungen im (semi-)professionellen Umgang mit Trauernden.

Christa Meuter

Wenn Eltern um ihr Kind trauern

Eine Herausforderung in der Trauerbegleitung

Mit 2 Tabellen

Vandenhoeck & Ruprecht

Bibliografische Information der Deutschen Nationalbibliothek:
Die Deutsche Nationalbibliothek verzeichnet diese Publikation in der
Deutschen Nationalbibliografie; detaillierte bibliografische Daten sind
im Internet über https://dnb.de abrufbar.

© 2019, Vandenhoeck & Ruprecht GmbH & Co. KG,
Theaterstraße 13, D-37073 Göttingen
Alle Rechte vorbehalten. Das Werk und seine Teile sind urheberrechtlich
geschützt. Jede Verwertung in anderen als den gesetzlich zugelassenen Fällen
bedarf der vorherigen schriftlichen Einwilligung des Verlages.

Umschlagabbildung: © Christa Meuter

Satz: SchwabScantechnik, Göttingen
Druck und Bindung: ⊕ Hubert & Co. BuchPartner, Göttingen
Printed in the EU

Vandenhoeck & Ruprecht Verlage | www.vandenhoeck-ruprecht-verlage.com

ISSN 2198-2856
ISBN 978-3-525-45909-6

Inhalt

Vorbemerkung 7
1 Hintergründe 10
   1.1 Elterntrauer 10
   1.2 Elternsein und Kindsein 13
   1.3 Der Tod von »Kindern« in Zahlen 14
   1.4 Trauertheorie im Alltag der Trauerbewältigung 15
       Trauern – eine Definition 16
       Traueraufgaben 17
       Das Pendeln in Verhalten und Empfindung 18
       Fortgesetzte und veränderte Bindung statt Loslassen 20
       Resilienz als natürliche Heilkraft und Ressource 22
       Trauern als persönlicher, einzigartiger Weg 23
       Trauern im System 25
       Das Kaleidoskop des Trauerns 26
2 Facetten der Elterntrauer 29
   2.1 Elterntrauer und Umstände des Todes 30
       »Hätte ich den Tod verhindern können?« 30
       Tod durch Krankheit versus Tod durch Unfall 32
       Wenn Leben und Tod sich miteinander verbinden 34
       »Ich weiß gar nicht, ob er tot ist« 36
   2.2 Elterntrauer und Alter des Kindes 37
       »Wir möchten ein weiteres Kind« 37
       »Meine Söhne waren 42 und 48 als sie starben« –
       Trauern Eltern älterer Kinder anders? 40
   2.3 Elterntrauer und Verlauf des Trauerprozesses 42
       Was tut die Zeit dazu? 42
       »Zuerst war es fast Euphorie« – ein Trauerprozess 45
       Besondere Tage und Ereignisse:
       Da ist sie wieder, die Trauer! 46
       Ist die Erinnerung das Paradies, aus dem uns niemand
       vertreiben kann? 49
       Ein weiteres Kind stirbt 51
       Vor 34 Jahren 54

2.4 Elterntrauer und System Familie 57
  Das einzige Kind stirbt – Ist es immer gut, weitere Kinder
  zu haben? 57
  »Wie geht es deinen Eltern?« – Geschwistertrauer unter
  erschwerten Bedingungen 58
  »Ich schäme mich so!« 62
  Wenn Eltern aus unterschiedlichen Kulturkreisen kommen 65
  Wenn die Trauer das Leben zusammenhält 67
  Wenn das Eis bricht – Partnerschaft auf dem Prüfstand 71
2.5 Noch weitere Facetten von Elterntrauer 73
  Kämpfen oder annehmen? 73
  Der blaue Kittel oder: »Wo bleibe ich?« 76
  »Ich will auch nicht mehr leben« 80
  Kann der Tod eines Kindes einen Sinn ergeben? 83
  Zeichen des Kindes jenseits des Erklärbaren – Gibt es das? 85
2.6 Gelungene Elterntrauer 88
2.7 Facettenvielfalt 91

3 Möglichkeiten der Begleitung trauernder Eltern 94
3.1 Haltung und Aufgaben in der Trauerbegleitung 94
  »Spiritual Care« und professionelle Nähe 94
  Anforderungen und Aufgabe 97
3.2 Werkzeuge 98
  Aushalten – die Haltung des personzentrierten Ansatzes
  anhand eines Beispiels 100
  Stärken – zwei Beispiele mit der Haltung des ressourcenorientierten Ansatzes 104
  Beantworten – die neutrale Zone des Psychodramas
  und ein Beispiel 108
  Verändern – Fragen als Werkzeug des lösungsorientierten
  und des systemischen Ansatzes 111
  Verbinden – die Idee der hypnosystemischen Trauerbegleitung und eine Gruppenerfahrung mit einer Imagination ... 117
3.3 Vertrauen – die Verbindung von Werkzeug und
  Begleitsituation 121
3.4 Selbstschutz und Selbstpflege 122

Schlussbemerkung 124

Literatur 126

Vorbemerkung

Ich schreibe ein Buch über Elterntrauer.

Vor einiger Zeit fragte mich die Leiterin des Trauerzentrums in unserem Ort, ob es ein Buch gebe, das Trauerbegleitern und Trauerbegleiterinnen einen Einblick in den Kosmos trauernder Eltern geben könne. Ich ging auf die Suche, recherchierte im Internet, fragte im Verein »Leben ohne Dich e. V.«, in dem ich ehrenamtlich tätig bin, und konnte nichts finden.

Gleichzeitig erlebte ich in meiner Arbeit als ehrenamtliche Trauerbegleiterin, dass ich selbst immer mal wieder über »neue« Aspekte in der Elterntrauer stolperte. Meine Tochter war 16 Jahre alt, als sie starb. Es gibt Aspekte, denen ich selbst auf meinem eigenen Weg nicht begegnet war. Aspekte, die für andere trauernde Eltern von großer Bedeutung waren und somit nun auch für mich in meiner Rolle als Trauerbegleiterin. Als ein Elternpaar, das sehr bald nach dem Tod seiner sechsjährigen Tochter zu uns in die Gruppe kam, darüber berichtete, dass es sich wieder ein Baby wünschte, war mir die Bedeutung dieser Bemerkung sofort klar. Das war ein sehr wichtiges Thema. In meinem Kopf bildeten sich sofort viele Fragen. Der Tod der Tochter war erst wenige Monate her. Ist das wirklich gut, sich zu diesem frühen Zeitpunkt auf eine neue Schwangerschaft einzulassen? Kann man sich so schnell auf eine neue Verantwortung und ein neu beginnendes Leben einlassen? Welche Probleme wird das möglicherweise aufwerfen? Welche Rolle, welchen Platz wird das Baby einnehmen? Hat die verstorbene Tochter bereits ihren

Platz? Darf ich als Trauerbegleiterin diese Fragen stellen? Was hilft den Eltern in der Auseinandersetzung mit dieser Frage? Es entstanden Fragen über Fragen. Mir persönlich hatte sich diese Frage nie gestellt, da ich bereits fünfzig Jahre alt war, als meine Tochter starb. Auf meinem Weg begegnete ich nicht nur vielen für mich neuen Themen der Elterntrauer, sondern auch ganz besonderen Herausforderungen.

Meine verstorbene Tochter, die zweite von vier Töchtern, war scheinbar kerngesund. An einem Freitagabend, als sie gerade für die Familie ihr neu entdecktes Lieblingsgericht Spaghetti mit Thunfischbolognese kochen wollte, bekam sie starke Kopfschmerzen. Innerhalb von dreißig Minuten fiel sie ins Koma. Zwei ihrer Schwestern waren zu Hause und waren dabei. Mein Mann und ich waren unterwegs. Der herbeigerufene Notdienst und die Ärzte in den Krankenhäusern versuchten alles, um meine Tochter zu retten. Sie öffneten ihren Schädel und schlossen das Aneurysma, das die Ursache für eine starke Gehirnblutung gewesen war. Nach vierzig Tagen, einer zweiten Gehirnblutung und weiteren schweren Operation starb sie. Die Konstruktion in ihrem Kopf, die das Aneurysma schloss, riss ab. Sie durfte im Beisein der ganzen Familie gehen, getragen von unserer Liebe.

Bereits als ich meine Tochter nach ihrer ersten Operation auf der Intensivstation sah, spürte ich, dass ich ein tiefes Urvertrauen besaß. Ich legte alles in Gottes Hand und bat ihn, diesen Weg mit mir zu gehen, denn ich ahnte, dass der Weg schwer werden würde. Ich brauchte Kraft für mich und meine Familie. Oft saß ich am Bett meiner Tochter und sprach mit ihr. Während mein Mann den Hausumbau plante, um eine schwerbehinderte Tochter pflegen zu können, saß ich an ihrem Bett und gab ihr die Erlaubnis, zu gehen. »*Wenn es Zeit ist für dich, zu gehen, dann darfst du gehen. Und wenn du bleiben willst, dann kämpfe. Wir schaffen das.*« Bis heute habe ich nicht nach dem »Warum« gefragt. Ich habe vertraut.

In der Trauerbegleitung begegnete ich einige Jahre später Eltern, die extrem um das Leben ihres Kindes gekämpft haben. Sie griffen nach jedem Strohhalm, gingen bis an die äußersten Grenzen des medizinisch Machbaren und wollten und konnten bis zur letzten Sekunde nicht loslassen. Sie wollten das Leben ihrer Tochter erhalten, um jeden Preis.

War ich bis dahin in meiner Haltung fest verankert, stand ich plötzlich wieder vor zahlreichen Fragen. Kann man einem kleinen Kind so etwas zumuten? Wie lange kann und soll man sein Kind (fest-)halten? Wann ist es Zeit loszulassen? Hätte ich mehr kämpfen sollen? Ich setzte mich mit diesem Thema und mit meiner Haltung sehr intensiv auseinander.

Im Laufe der Zeit stellte ich fest, dass die persönliche Auseinandersetzung mit möglichen Themen und Haltungen eine gute Vorbereitung auf die Begleitung trauernder Eltern ist. Wir Menschen sind Individuen, wir haben unsere eigene Persönlichkeit und unsere ureigene Haltung, und wir leben unsere eigene Lebenswirklichkeit. Manche Fragen stellen wir (uns) einfach deshalb nicht, weil wir nicht einmal auf die Idee kommen, dass sie eine Bedeutung für unser Gegenüber haben könnten, weil sie keine Bedeutung für uns selbst haben.

Liebe Leserinnen, liebe Leser, in diesem Buch möchte ich Ihnen deshalb einige Facetten der Elterntrauer nahebringen. Sie werden erzählt von Eltern, die um ein Kind trauern, und von Trauerbegleiterinnen[1], die im Rahmen der Begleitung von Eltern darauf gestoßen sind, so wie ich.

Das Buch möge viele Denkanstöße für Sie liefern, ohne den Anspruch auf Vollständigkeit zu haben, denn allein der Lichtstrahl auf eine Facette lässt sie bereits wieder in einer anderen Farbe erscheinen.

---

1 Im Text werden in zufälliger Folge männliche und weibliche Formen verwendet.

1 Hintergründe

1.1 Elterntrauer

Die Themen Sterben, Tod und Trauer halten langsam, aber sicher wieder Einzug in unser Leben. Sie gehören zum Leben dazu. Sichtbar wird dies darin, dass Hospize entstehen, ambulante Hospizdienste sterbenden und trauernden Menschen ihre Hilfen anbieten und diese Hilfen auch zunehmend und dankbar in Anspruch genommen werden. Auch die Bestattungskultur ist im Wandel. Bestattungen werden individueller, die Wünsche der Angehörigen werden gesehen, gehört und umgesetzt. Es gibt vielerlei Veranstaltungen zu Themen wie Vorsorge, Patientenverfügung und Bestattungsvorsorge. Viele Menschen erzählen in Büchern ihre Geschichten und über ihre Erfahrungen mit dem Sterben, dem Tod und der Trauer. Es gibt Trauerberatungen, Trauerbegleitungen einzeln und in Gruppen, und es gibt Selbsthilfegruppen, die trauernden Menschen den Austausch anbieten, den sie so dringend brauchen.

Es gibt eine Vielfalt an Fachliteratur im Bereich zu Trauertheorie und vielen Themen der Trauer. Wer möchte, kann sich umfassend informieren. Es gibt umfassende und qualifizierte Ausbildungsgänge für die Trauerbegleitung von Erwachsenen, Familien, Kindern und Jugendlichen. Es gibt Fortbildungen zu zahlreichen Themen im Hinblick auf Trauer, etwa zu Trauer bei Demenz, Trauer nach Suizid, Humor in der Trauer etc.

Wenn der Fachliteratur nun ein weiterer Beitrag hinzugefügt wird, so hat dies im Wesentlichen zwei Gründe: Diese Vielfalt und die Entwicklungen bedeuten nicht, dass Tod und Trauer in der Mitte unserer Gesellschaft angekommen sind. Wir sind erst dem Ziel nahe, wenn die Trauer wieder eine Kultur hat und zu einer Kultur geworden ist, wenn wir den Tod, der uns unweigerlich im Leben begegnen wird, annehmen können, wenn wir Trauer leben können und wenn wir letztendlich selbst in Frieden mit uns und dem Leben sterben können. Dazu soll dieses Buch einen kleinen Beitrag leisten, indem es die Fenster der Elterntrauer öffnet.

Darüber hinaus hat jede Trauersituation ihre spezifischen Eigenheiten und Herausforderungen. Ähnlich wie im Bereich Tod durch Suizid oder Tod kurz vor, während oder nach der Geburt ist der Tod eines Kindes ein eigenes Thema. Beim Tod durch Suizid ist unter anderem die Frage nach der Schuld ein zentrales Anliegen bei der Trauerbewältigung. Selten ist es die reale Schuld, sondern die gefühlte Schuld, die Hinterbliebene enorm quält. Beim Tod vor der Geburt, während oder kurz danach belastet die Eltern die Tatsache, dass das Kind nicht gelebt hat, (fast) niemand es kennengelernt hat und man selbst keine Erinnerungen an ein gelebtes Leben mit diesem Menschen hat. Diese zentrale Auseinandersetzung ist ein wichtiger Bestandteil bei der Bearbeitung der Trauer um Neu- oder Totgeborene.

Wenn Eltern um ein Kind trauern, das gelebt hat, dann ist für viele Väter und Mütter der Kreislauf des Lebens auf den Kopf gestellt. Die Reihenfolge ist nicht eingehalten worden. Darauf ist man nicht vorbereitet. Mit dem Tod der Eltern verliert man die Vergangenheit, mit dem Tod des Partners die Gegenwart, aber mit dem Tod des Kindes die Zukunft. In Kindern ist das Vermächtnis des Lebens lebendig. Dafür lebe ich, arbeite ich, und ich möchte ihnen so gut es geht den Weg bereiten. Das ist für viele Jahre, für die Jahre des Heranwachsens, der Lebensinhalt vieler Eltern. Im Moment des Todes unseres Kindes bricht diese Welt zusammen. Diese Situation erfordert in vielerlei Hinsicht eine Neuorientierung. Wir müssen nicht nur den Tod verkraften und betrauern, sondern auch unsere Ziele neu finden und definieren.

Weitere wichtige Themenbereiche der Elterntrauer sind die häufig unterschiedliche Art und Weise der Trauer von Mann und Frau in der Partnerschaft oder die Scham der Eltern, wenn ein minderjähriges Kind, das noch unter ihrer Aufsichtspflicht steht, verunfallt.

Gemeinsam haben diese Themen, dass es Trauerbegleitern oft schwerfällt, sich auf eine Begegnung mit so tief trauernden Menschen einzulassen. Verlust durch Suizid, ein Baby zu verlieren oder der Tod eines Kindes berührt unsere eigenen Existenzängste sehr tief. Eine erfahrene Trauerbegleiterin erzählte, dass sie sich selbst die Begleitung trauernder Eltern nicht zugetraut hätte, bis ihre eigenen Kinder erwachsen waren. Die Not der Eltern hätte sie so tief berührt, dass sie die nötige Distanz nicht hätte halten können. Erst danach war es ihr möglich. Dies zeigt, dass es umso schwieriger wird, einen Menschen zu begleiten, je tiefer die Trauersituation uns und unsere Lebenssituation berührt.

Dieses Buch möchte den Blick nach innen ermöglichen, einen Blick auf die Trauer von Eltern, indem es Geschichten trauernder Eltern in Aspekten erzählt. Welchen Themen und Aspekten könnten wir begegnen, wenn wir trauernde Eltern begleiten? Worauf können wir uns und unsere Empfindsamkeit vielleicht vorbereiten? Trauernde Eltern jedenfalls wünschen sich sehr, dass Menschen sie nach ihrer Trauer und ihrem Kind fragen.

1.2 Elternsein und Kindsein

»Elternschaft bezeichnet die Rolle eines Elters für sein Kind. Sie bezeichnet also gleichermaßen Vater- wie Mutterschaft« (Wikipedia-Artikel »Elternschaft«). Elternschaft kann biologisch, rechtlich und sozial entstehen und betrachtet werden. Die biologische Elternschaft entsteht durch Zeugung und Geburt eines Kindes. Ist ein Kind durch Samen- oder Eizellenspende entstanden, entsteht die Elternschaft durch die rechtlichen Bestimmungen. Auch die Adoption eines Kindes entsteht durch gesetzliche Regelungen. Durch die langfristige Übernahme der sozialen Verantwortung und die Zuwendung zu einem Kind entsteht soziale Elternschaft. Dies ist zum Beispiel bei Pflegekindern der Fall oder wenn Mütter oder Väter nach einer Trennung vom (Ehe-)Partner oder nach dem Tod eines Elternteils eine neue Partnerschaft eingehen. Die sorgenden Personen werden oft von den Kindern »Mama« und »Papa« genannt, obwohl sie biologisch und/oder rechtlich nicht deren Eltern sind. Dieser Hinweis ist von großer Bedeutung, denn wenn Kinder den Platz in unserem Herzen besetzen und wir sie lieben, dann ist es unwichtig, ob wir sie gezeugt und geboren haben. Wenn diese Kinder sterben, dann trauern wir um »unser« Kind.

In der Arbeit mit trauernden Eltern erlebe ich immer wieder, dass die Frage nach der Elternschaft eine nicht unerhebliche Rolle spielt. Eltern in diesem Buch sind immer Eltern im biologischen, rechtlichen oder sozialen Sinne.

Eltern bleiben wir lebenslang. Auch wenn ich neunzig Jahre alt bin und meine Tochter im Alter von 65 Jahren vor mir stirbt, dann ist das mein Kind, das gestorben ist. Jeder Mensch als Nachkomme eines anderen Menschen ist also immer auch ein Kind. Entwicklungspsychologisch ist man Kind bis zur geschlechtlichen Entwicklung, dem Beginn der Pubertät. Rechtlich betrachtet endet die Kindheit mit 14 Jahren. Jugendlicher ist, wer das 18. Lebensjahr noch nicht vollendet hat. Erwachsener ist, wer 18 Jahre und älter ist.

Für Kinder, von denen ich in diesem Buch spreche, gibt es keine altersmäßige Begrenzung nach oben. Es sind auch die Kinder, die nicht leben durften. Es sind alle Kinder, deren Tod Eltern betrauern, unabhängig von ihrem Alter und dem Elternstatus.

1.3 Der Tod von »Kindern« in Zahlen

Nach den letzten verfügbaren Zahlen des Statistischen Bundesamtes (2017) starben im Jahre 2015 in Deutschland 3442 Kinder im Alter von null bis 15 Jahren, 2524 Kinder in der Altersgruppe der Jugendlichen und jungen Erwachsenen bis 25 Jahre sowie 4853 junge Erwachsene bis 35 Jahre. Tabelle 1 zeigt die Anzahl der verstorbenen Kinder sowie die Todesursachen in übersichtlicher Form. Die Werte sind gerundet.

Tabelle 1: Anzahl der verstorbenen Kinder und Todesursachen

	Anzahl gesamt	Plötzlicher Kindstod	Krankheit	Unfall	Suizid	Tätliche Angriffe
Unter 1 Jahr	2405	5 %	93 %	1 %		1 %
1–10 Jahre	714		80 %	17 %		3 %
10–15 Jahre	323		46 %	46 %	6 %	2 %
15–25 Jahre	2524		51 %	26 %	20 %	3 %
25–35 Jahre	4853		71 %	9 %	19 %	1 %

Vergleichsweise hoch ist die Anzahl der Todesfälle in der Gruppe jünger als ein Jahr. In dieser Gruppe starben 2405 Kinder, davon 2152 Kinder durch perinatale Umstände oder angeborene Fehlbildungen und nicht klassifizierte Symptome. Die Zahlen des Statistischen Bundesamtes berücksichtigen dabei nicht die bereits in der Schwangerschaft verstorbenen Kinder durch Fehl- oder Frühgeburten.

Durchschnittlich starben also in Deutschland im Jahr 2015 täglich 16 Kinder, Jugendliche oder junge Erwachsene bis zum Alter von 25 Jahren. Bezieht man die jungen Erwachsenen bis 35 Jahre mit ein, so sterben täglich etwa dreißig junge Menschen.

1.4 Trauertheorie im Alltag der Trauerbewältigung

Literatur über Trauer, Traueraufgaben, Trauermodelle und über Trauerberatung und -begleitung gibt es ausreichend. Wer bereits Trauerbegleiter/-in ist oder sich in der Ausbildung dazu befindet – an diese Menschen richtet sich das Buch in erster Linie –, hat sich in seiner Ausbildung bereits intensiv damit auseinandergesetzt oder tut es gerade. Menschen, die dieses Buch lesen, weil sie im Beruf trauernden Eltern begegnen oder weil sie Eltern kennen, die gerade akut trauern, oder andere interessierte Menschen haben dieses Wissen vielleicht nicht.

Welche Rolle spielt die Trauertheorie beziehungsweise die Auseinandersetzung damit für die Facetten der Elterntrauer? Könnte sie hilfreich sein? Zunächst folgen einige Erläuterungen zum Begriff der Trauer. An die Definition der Trauer schließen sich einige Ausführungen zu wichtigen Teilaspekten der Trauer an, die in Tabelle 2 in übersichtlicher Form dargestellt sind. Ein Blick auf diese Aspekte der Trauer ermöglicht eine erste vertiefende Auseinandersetzung mit den Fragestellungen, die hinter dem Begriff der Trauer stehen.

Vor welcher Herausforderung stehen Trauernde? Wie trauern sie und wie nehmen wir ihre Trauer wahr? Was ist das Ziel im Trauerprozess? Was ist das Fundament, auf dem Trauer stattfinden kann? Wie können wir die Trauer und den Trauerprozess charakterisieren? In welchem Kontext findet Trauer statt?

Auf diese Weise soll ein erstes Bild kreiert und ein erstes Einfühlen in die Komplexität der Trauer ermöglicht werden, wie sie sich für trauernde Eltern und alle trauernden Menschen darstellt. Erläuterungen zum Kaleidoskop des Trauerns runden dieses Bild ab.

Tabelle 2: Aspekte der Trauer

Aspekt der Trauer	Theoretischer Hintergrund
Die Herausforderung der Trauer	Die Traueraufgaben (Worden, Paul)
Die Art und Weise des Trauerns	Das Pendeln in Verhalten und Empfindung (Stroebe, Schut)
Die Zielsetzung für Trauernde	Fortgesetzte und veränderte Bindungen (Klaas, Kachler)
Das Fundament der Trauernden	Resilienz und Ressourcen (Bonanno)
Die Charakteristik der Trauer und des Trauerprozesses	Die Individualität (Rogers, Backhaus)
Der Kontext, in dem Trauer stattfindet	Trauern im System (Rechenberg-Winter, Fischinger)

Im dritten Kapitel, bei den Möglichkeiten der Begleitung trauernder Eltern, nimmt das Buch diesen Faden wieder auf, um Werkzeuge für die Trauerbegleitung anhand von Beispielen darzustellen.

Trauern – eine Definition

Trauer ist die natürliche und notwendige Reaktion auf einen schweren Verlust. Sie ist eine natürliche Reaktion, die wir nicht steuern können. Die aufbrechenden Emotionen entstehen in unserem Inneren, weil wir etwas verloren haben, das wir geliebt haben. Darüber haben wir keine Kontrolle.

Eine Mutter hat die aufbrechende Trauer so erlebt: »Es war wie ein Tsunami, der von hinten über mich hinweggerollt ist, als ich an einem schönen Strand stand. Ich wurde von der Welle einfach mitgerissen und umhergewirbelt in den Tiefen des Wassers. Ich hatte keinen Boden mehr unter den Füßen.«

Wir stehen vor der Tatsache, dass unser Kind nicht mehr wiederkommen wird. Wir sind machtlos und handlungsunfähig. Alles Handeln, Denken und Wünschen bringt uns unser Kind nicht wieder zurück. Mit ihrem Kind verlieren Eltern gleichzeitig das Leben mit ihm; nichts wird mehr so sein, wie es vorher war. Und sie verlieren die Perspektiven, die sie für sein zukünftiges Leben und damit auch für ihre Zukunft mit diesem Kind verknüpft hatten. Warum bloß ist das passiert?

Trauer ist eine notwenige Reaktion, die hilft, den Verlust zu überleben. Trauernde Eltern müssen begreifen, dass ihr Kind gestorben ist. Sie müssen erkennen und annehmen, dass ihre Liebe kein Gegenüber mehr hat, das sie in den Arm nehmen können. Sie müssen ihren Alltag und ihr Leben neu ordnen. Sie müssen einen neuen Sinn finden für ein Leben ohne dieses Kind. Und sie müssen einen neuen Platz finden, an dem ihr Kind sein darf, an dem die Liebe sein darf. Sie müssen sich ganz neu ausrichten.

Trauern ist eine Chance, einen Reifungsprozess zu vollziehen, an dessen Ende ein sinnerfülltes weiteres Leben möglich ist. Die Trauer wird bleiben, aber sie wird sich verändern und in einen anderen »Aggregatzustand« übergehen. So wie es auch mit der Liebe zum verstorbenen Kind geschieht. Leben und Tod gehören zusammen und die Trauer ist gemeinsam mit der Liebe die Brücke zwischen beiden.

Traueraufgaben

Vor welcher Herausforderung stehen trauernde Eltern, was liegt vor ihnen? Das Denken und Einordnen von Traueraspekten in Trauerphasen ist heute lange überholt. Die Berichte und die Erfahrungen trauernder Menschen zeigten, dass die Aspekte der

Trauer durchaus richtig benannt wurden, das Erleben der Trauernden aber anders war. Sie erlebten keine Phasen, die nacheinander folgten. Sie erlebten nicht das Ende der Trauer, nachdem sie alle Phasen durchlebt hatten. Und sie sträubten sich vehement dagegen, dass man den Verstorbenen loslassen müsse.

Die heutigen Trauermodelle sehen im Trauerprozess Aufgaben, die es zu bewältigen gilt. Das Trauermodell von Worden (2011) beschreibt diese Aufgaben sehr umfassend:
- den Verlust als Realität akzeptieren,
- die Vielfalt der Gefühle zulassen und erleben,
- sich an eine Welt ohne den Verstorbenen anpassen,
- dem Verstorbenen einen neuen Platz zuweisen.

Dem Aufgabendenken wohnt eine Haltung inne. Wenn etwas als eine Aufgabe angesehen wird, dann wird damit eine Herausforderung angenommen. Für jede Aufgabe gibt es eine Lösung und einen Lösungsweg. Es gilt, sich über den Lösungsweg dem Ziel oder der Lösung anzunähern und diese dann zu finden. Vielleicht gibt es viele Lösungswege, vielleicht mehrere mögliche Lösungen. Vielleicht ist auch die Feststellung, dass es für mich keine annehmbare Lösung gibt, eine Antwort. Eine Aufgabe zu haben, bedeutet Hoffnung zu haben, Handlungsspielraum zu haben, ist Haltung. Es ist leichter, eine Hürde als Herausforderung statt als Hindernis anzusehen.

Trauernde sind auf einem Weg, auf dem sie sich diesen Herausforderungen stellen müssen. Dieser Weg verläuft keineswegs gradlinig. Die Aufgaben werden nicht nacheinander bearbeitet, sondern so wie es die konkrete Lebenssituation des Trauernden gerade ermöglicht oder fordert.

Das Pendeln in Verhalten und Empfindung

Einen anderen Blick auf das Trauern wagen Stroebe und Schut mit ihrem Dualen Prozess-Modell der Bewältigung von Verlusterfahrungen (DPM; Aeternitas e. V.). Sie beobachten dabei die Art und Weise, wie Menschen trauern. Nach ihrem Modell bewegt sich der Trauernde zwischen verlustorientierten und wiederherstellungsorientierten Phasen, und zwar oszillierend also hin und her schwingend.

Trauert er verlustorientiert, steht die Beschäftigung mit dem Tod, mit dem verstorbenen Menschen, mit der Beziehung zu ihm und mit den vielfältigen Gefühlen, die durch den Verlust ausgelöst wurden, im Vordergrund. Die Hinwendung zum Leben wird in dieser Phase zurückgedrängt.

In der wiederherstellungsorientierten Phase wendet sich der Trauernde den Dingen zu, die nötig sind, um sein Leben weiterleben zu können. Er setzt sich mit notwendigen Veränderungen auseinander, lässt neue Erlebnisse zu und erprobt seine neue Rolle. Die Auseinandersetzung mit dem Verlust drängt er in dieser Zeit so gut wie möglich zurück.

Dieser Modellansatz deckt sich sowohl mit den Beobachtungen, die viele trauernde Menschen an sich selbst machen, als auch mit den Erfahrungen, die Zugehörige und Freunde mit trauernden Menschen haben.

Eine Mutter erklärte das so: »Es gibt Tage, da hoffe ich, dass mich jemand anspricht, wenn ich im Supermarkt meine Einkäufe mache. Ich würde so gern reden und gehe deshalb für einen Liter Milch aus dem Haus. Und es gibt Tage, da hoffe ich inständig, dass mich bloß niemand anspricht. Ich würde es nicht ertragen, von meinem Kind zu reden. Dann würde ich am liebsten vom Erdboden verschwinden.«

Alles hat seine Zeit. Eltern können nicht ununterbrochen trauern. Sie brauchen manchmal eine Pause vom sichtbaren Trauern und Zeit für die Hinwendung zum Leben. Und manchmal muss im übertragenen Sinne das Leben beiseitegestellt werden, damit die Trauer ihren Platz erhält. Beides gehört zum Trauerprozess.

In der Begegnung und Begleitung von trauernden Eltern sehen wir beide Gesichter, und es passiert bisweilen, dass wir denken, unserem Gegenüber ginge es sichtlich besser, und wir freuen uns sehr darüber. Beim nächsten Treffen erwarten wir, dass es weiter bergauf gegangen ist, aber es zeigt sich das Gegenteil, und wir sind überrascht und eventuell verunsichert. Was sollen wir davon halten? Nehme ich das gerade richtig wahr?

Ja! Ich nehme es richtig wahr. Das Fühlen und Verhalten von Trauernden pendelt hin und her. Von gut zu schlecht, von traurig zu fröhlich, von haltlos zu gefasst. Den Fortschritt in der Bewältigung ihrer Trauer können wir an ihrer aktuellen Verfassung nicht messen und auch nicht ermessen. Wir können uns als Trauerbegleiter und Trauerbegleiterinnen aber sehr wohl von schlechten Tagen nicht erschrecken lassen und uns von guten Tagen nicht zu der Schlussfolgerung verleiten lassen, es wäre nun alles wieder gut.

Beide Prozesse müssen zusammen betrachtet werden. Zeigt der Trauernde beides oder können wir beides am Trauernden sehen, dann ist dies ein gutes Zeichen. Er trauert. Und dieses Trauern ist seine Chance und sein Weg.

Besonders an jüngeren Kindern, die eben noch in Trauerpfützen springen und bald darauf wieder lachen und spielen, können wir dies übrigens ähnlich beobachten. Das sollte uns hoffnungsvoll stimmen.

Fortgesetzte und veränderte Bindung statt Loslassen

Der Begriff »Loslassen« in Verbindung mit dem Verlust eines geliebten Menschen löst heute noch große Ängste bei vielen Trauernden aus. Trauernde befürchten, dass von ihnen erwartet wird, die tiefe Bindung zum Verstorbenen zu beenden. Argumentiert wird dabei, dass Loslassen nötig sei, um sich wieder auf das Leben einlassen zu können. Die tiefen Verunsicherungen und die starken Ängste, die allein dieser Gedanke auslöst, machen den Trauernden den Trauerprozess noch um vieles schwieriger als er ohnehin schon ist. Wie kann man das vom Trauernden erwarten? Wie kann man das Kind, das man geboren hat, loslassen und sich von ihm trennen oder es gar vergessen?

Das Konzept der »continuing bonds (CB) – fortgesetzte Bindungen« ist in dieser Hinsicht Wegbereiter einer sehr stärkenden und tröstenden Haltung für und gegenüber Trauernden geworden. Es zeigt, dass man den Verlust gut verarbeiten kann, auch wenn oder gerade weil man die Verbindung zum Verstorbenen aufrechterhält. Natürlich muss man diesen Aspekt differenziert betrachten, wenn die Beziehung zum verstorbenen Kind sehr belastet war. Dann ist zunächst eine Klärung dieser Problematik, ein Verzeihen oder Friedenschließen nötig, um dann zu schauen, wie konkret die Beziehung weitergeführt werden kann (Aeternitas e. V., Willmann u. Müller, 2017).

Ganz offensichtlich ist das verstorbene Kind physisch nicht mehr greifbar. Der Tod hat sein Leben beendet, aber keinesfalls meine Beziehung zu ihm. Und diese Beziehung können Trauernde auf vielfältige Art und Weise aufrechterhalten. Das verstorbene Kind kann zum inneren Ratgeber werden und in den gedanklichen und erzählten Erinnerungen präsent sein. Es ist Teil der Rituale der Familie, zum Beispiel durch den Besuch des Friedhofs oder der Feier anlässlich seines Geburtstages. Eltern sind mit ihm an bestimmten Orten und in besonderen Erinnerungsstücken verbunden. Sie spüren seine Anwesenheit und träumen von ihm. Vielleicht glauben sie an eine Wiederbegegnung und damit an ein weiterführendes Leben in einem viel größeren Kontext (Aeternitas e. V., Willmann u. Müller, 2017). All dies sind Möglichkeiten, eine neue innere Verbindung zu erleben und zu gestalten.

Für trauernde Eltern und die praktische Trauerbegleitung hat Roland Kachler (2009) mit »Meine Trauer wird dich finden« ein praxisbezogenes Buch geschrieben mit vielen konkreten Hilfestellungen und Übungen, die die Trauernden darin begleiten können, eine neue Beziehung zum Verstorbenen zu finden und zu gestalten. Kachler tut dies, indem er trauernde Eltern mithilfe von Imaginationen mitnimmt auf eine Reise zu inneren Räumen, in denen das Kind sein darf und eine Begegnung und Beziehung möglich sind.

Resilienz als natürliche Heilkraft und Ressource
Eine weitere Frage, die sich in Bezug zur Trauer stellt, ist die, auf welchem Boden und Fundament der Trauernden die Bewältigung ihres Verlustes stattfindet. Worauf können sie bauen?

Bonanno (2012) und sein Forschungsteam zeigen, dass die meisten Menschen Verlustschmerz und Trauer aus eigener Kraft überwinden können. Sie verfügen über Resilienz. In der Physik bezeichnet Resilienz die Fähigkeit eines elastischen Werkstoffes, nach Verformung wieder in seine ursprüngliche Form zurückkommen zu können. Resiliente Menschen sind in der Lage, nach Krisen oder schweren Verlusterfahrungen ihre innere Stabilität und ihr Gleichgewicht selbst wieder herzustellen.

In der Literatur werden die hilfreichen und unterstützenden Faktoren als »die sieben Säulen der Resilienz« (Heller, 2013; Guhl, 2018) als Basis für die Stärke der Resilienz beschrieben. Es sind die Fähigkeiten,
- die Situation zu akzeptieren und die Herausforderung anzunehmen;
- optimistisch zu sein; die Krise als Erfahrung zu sehen; die Krise als Chance zu betrachten;
- Optionen zu entwickeln und Lösungen zu suchen;
- sich nicht in der Opferrolle zu sehen und die Verantwortung für sich zu übernehmen;
- selbstwirksam zu sein und die Initiative zu ergreifen;
- auf Beziehungen und Netzwerke zurückzugreifen und sie zur Unterstützung hinzuzuziehen;
- die Zukunft in den Blick zu nehmen, sie zu gestalten.

Rechenberg-Winter und Fischinger sprechen in diesem Zusammenhang nicht von Säulen der Resilienz, sondern von Resilienzfeldern (Rechenberg-Winter u. Fischinger, 2018, S. 122), die für sie den Boden unter den Füßen und Bewegungsspielraum implizieren.

Resilienz bedeutet nicht, dass trauernde Menschen keinen Verlustschmerz erfahren. Die Trauer und der Schmerz sind gerade am Anfang des Trauerweges allgegenwärtig. Die Herausforderung, diese schmerzliche Situation zu überleben sowie den Alltag und das Leben zu bewältigen, überdeckt möglicherweise zunächst die eigenen Kraftquellen. Langfristig betrachtet besitzen jedoch die meisten Menschen die Fähigkeit, den Umgang mit den Emotionen der Trauer angemessen selbst zu steuern und zu regulieren und aus eigener Kraft ihren Weg zu finden und zu gehen. Dies ist eine große Ermutigung. Wenn Trauerbegleiterinnen spüren, dass es diese Kraft im Trauernden gibt, dann gilt es, sie aufzuwecken und sich die Zuversicht zu bewahren, dass sie ihre Energie entfalten wird.

Resilienz ist jedoch nicht unweigerlich bei jedem Menschen vorhanden. Die Fähigkeit zur Resilienz ist von genetischen Faktoren, von den Umweltbedingungen und den persönlichen Erfahrungen des einzelnen Menschen abhängig. Wenn sich im Laufe des Trauerweges zeigt, dass diese Kraft bei den trauernden Eltern nicht ausgeprägt oder vorhanden ist, dann ist dies ein Hinweis auf einen möglicherweise langwierigen und herausfordernden Trauerprozess.

Trauern als persönlicher, einzigartiger Weg
Der personzentrierte Ansatz von Carl Rogers (2000) ist ein Ansatz für Berater und Psychotherapeutinnen zur Begleitung von Menschen in Krisen. Backhaus (2017) hat diesen Ansatz übertragen auf die Beratung und Therapie bei Verlust und Trauer.

Wie können wir die Trauer und den Trauerprozess charakterisieren? Die folgenden Ausführungen beschränken sich zunächst auf die Aspekte des personzentrierten Ansatzes, die für diese Charakteristik hilfreich erscheinen. Die konkreten Möglichkeiten, die sich für die Trauerbegleiter daraus ergeben, werden später erörtert (siehe Kapitel 3.2, Abschnitt »Aushalten – die Haltung des personzentrierten Ansatzes anhand eines Beispiels«, S. 100 ff.).

Der Begriff »personzentriert« bedeutet, dass der Mensch im Mittelpunkt steht. Zentral an diesem Ansatz ist die Haltung des Begleiters gegenüber seinem Klienten, die von Echtheit, Akzeptanz und Empathie geprägt sein soll. Echtheit bedeutet, ich begegne meinem Gegenüber immer als *Ich*, so wie ich bin, und zwar echt, unverstellt und authentisch. Akzeptanz bedeutet, dass ich alles, was mein Gegenüber mir zeigt und sagt, annehme als seine Haltung, seine Aussage und seine Wahrheit. Und mit der empathischen Grundhaltung bin ich aufgefordert, mit meinem Gegenüber mitzufühlen, mich neben es zu stellen und auf seinem Weg mitzugehen.

Wenn Trauerbegleiter trauernden Eltern so begegnen, dann können sie erspüren, wie sich die Trauernden gerade fühlen, und erfassen, wo sie gerade in diesem Moment stehen. Wenn dies meine Grundhaltung in der Begegnung mit Trauernden ist, dann gehe ich folgerichtig davon aus, dass jeder Mensch anders ist und dass es keine Allgemeingültigkeit und Vergleichbarkeit für Situationen, Gefühlslagen und Haltungen gibt. Und wenn dies meine begleitende Haltung ist, dann kann ich die trauernden Väter und Mütter in ihrem So-Sein, wie es gerade ist, stärken und sie ermutigen, sich selbst so, wie sie in diesem Moment sind, anzunehmen. Trauernde haben oft genug selbst von sich die Vorstellung, sie seien verrückt und nicht normal. Sie sind aber normal.

Dass Menschen individuell sind, ist keine »neue Weisheit«. Es gibt nirgendwo auf der Welt zwei Menschen, die absolut gleich sind. Aber gerade die Trauer anderer Menschen versperrt uns manchmal den Blick darauf, weil sie so schwer auszuhalten ist.

Für die begleitende Trauerarbeit liegt das Wertvolle im Ansatz von Carl Rogers darin, dass wir mit Blick auf die Individualität des oder der Trauernden die Rasterung des Trauerprozesses oder ihre Klassifizierung schlicht bleiben lassen können. Der Trauerprozess ist so individuell wie der Mensch, der in diesem Prozess steckt.

Trauern im System

Rechenberg-Winter und Fischinger (2018) stellen in ihrem »Kursbuch systemische Trauerbegleitung« Systemaspekte vor, die die Komplexität des Trauerns beschreiben. Dies vermittelt uns ein strukturiertes Bild, was Trauern (auch) ist und welche Einflüsse die Systeme unseres Lebens, also die Partnerschaft, die Familie, die Arbeitswelt, der Freundeskreis, das Elternhaus usw. auf das Trauern und den Trauerprozess haben. Sie setzen sich somit mit der Frage auseinander, in welchem Kontext Trauer stattfindet.

Die systemische Trauerbegleitung ist geprägt von der Sichtweise des Konstruktivismus. Trauerbegleiterinnen und Trauernde sehen die Dinge nicht, wie sie sind, sondern wie *wir* sind. Es gibt keine allgemeingültige Wahrheit. Unsere Haltung und persönliche Sichtweise sind ausschlaggebend für das, was für uns wahr ist. Dieser systemische Ansatz bietet eine Entsprechung zum personzentrierten Ansatz. Ersterer beschreibt die Einzigartigkeit des Trauersystems, letzterer die Einzigartigkeit des Trauernden und des Trauerweges.

Im Prozess des Trauerns ist alles zirkulär wirksam im ständigen Reagieren aller Teile eines Systems aufeinander, wie ein Perpetuum mobile. Trauern ist also nicht nur die Trauer des Einzelnen. Durch die Trauer nimmt der Trauernde Einfluss auf die Menschen in seinen Systemen, und die Menschen aus seinen

Systemen nehmen Einfluss auf den Trauernden durch ihre Verhaltensweisen. Trauernde Eltern berichten sehr oft, dass andere Menschen in der Unsicherheit vor einer Begegnung mit ihnen die Straßenseite wechseln und wie sehr sie das schmerzt und ein Gefühl der Isoliertheit hervorruft. Trauernde Eltern berichten dann auch, dass sie, bevor sie diesen Verlust erlebt haben, genauso gehandelt hätten, weil sie die Trauer anderer geängstigt habe. Dieses Beispiel mag die Zirkularität sehr gut veranschaulichen.

Systeme leben in ständigem Bestreben zum Gleichgewicht. Dafür hat jedes System Regeln. Sie sind häufig nicht festgeschrieben, und wir sind uns ihrer oft nicht bewusst. Fehlt plötzlich jemand, dann ist das System zunächst im Ungleichgewicht. Wenn nun etwas verändert werden soll oder muss, dann muss sich das System auf eine Neuorganisation einlassen und alle Beteiligten müssen in neue Rollen und Funktionen hineinwachsen.

Die Vorstellung vom Bild eines Mobiles in Bewegung veranschaulicht diese Aspekte. Je nachdem, von welchem Standpunkt wir darauf schauen: Es sieht immer anders aus. Bereits eine minimale Veränderung des Blickwinkels lässt ein anderes Bild entstehen. Selbst wenn wir den Blickwinkel nicht verändern, so verändert das bewegte Mobile von selbst das Bild, das wir wahrnehmen, da es immer in Bewegung ist. Fällt plötzlich ein Teil herunter, dann verliert es sein Gleichgewicht und alles gerät in Schieflage. Es muss neu ausgerichtet werden.

Das Kaleidoskop des Trauerns

Das Kaleidoskop des Trauerns von Chris Paul (2017) veranschaulicht die Trauer mit einem anderen Bild, nämlich in sechs Facetten:
- Überleben
- Wirklichkeit (begreifen)

- (Vielfältige) Gefühle
- Sich anpassen (an den neuen Alltag und die neuen Rollen und Aufgaben)
- Verbunden bleiben (im Inneren)
- Einordnen (in das bisherige oder neu werdende Weltbild)

Sie schreibt dazu: »Die sechs Facetten des Trauerprozesses sind von Anfang an alle zugleich präsent. Sie formen ein Kaleidoskop verschiedener Elemente und Farben, die sich immer neu mischen« (Paul, 2017, S. 11).

Das Kaleidoskop des Trauerns lässt sofort die Nähe zu den Traueraufgaben erkennen. Paul versteht Trauer nicht als einen Weg, auf dem man Aufgaben gradlinig abarbeitet und löst, sondern als Weg, der ähnlich dem durch ein Labyrinth mit Schleifen und Wendungen versehen ist oder sich ähnlich einer Spirale mit beständig umlaufenden Kreisen darstellen lässt. Auf diesem Weg sind die Facetten des Trauerns immer präsent und zeigen sich in immer unterschiedlichen Zusammensetzungen, mit unterschiedlicher Tiefe und Leuchtkraft. Manchmal treten einzelne Facetten besonders hervor, sie sind größer und überstrahlen alles Übrige, dann wieder sind sie im Hintergrund nur sehr mild leuchtend zu erkennen.

Wir alle kennen vermutlich die Kaleidoskope aus der Kindheit, diese tollen Papprohre, in die man hineinschaut. Am inneren Ende des Rohres entsteht ein Bild, und wenn man das drehbare Ende der Pappröhre etwas bewegt, dann verändert sich plötzlich das Bild, das man vorher gesehen hat. Jede minimale Drehbewegung lässt ein neues Bild entstehen, und wir sehen Farben und Muster in allen erdenklichen Konstellationen.

Mit dem Bild des Kaleidoskops vermittelt sich ein Gespür dafür, dass die Trauer zu jedem Zeitpunkt des Trauerprozesses eine andere Gestalt aufweisen kann. Bildlich gesprochen besteht die Begleitung der trauernden Eltern in ihrem Trauerprozess darin, sich den einzelnen »Standbildern« des Kaleidoskops anzunehmen. Dabei greifen wir die größte und deutlichste Trauerfacette heraus, ohne den Blick auf die anderen Aspekte zu verlieren. Das nächste Kapitel wird von den Erlebnissen trauernder Eltern erzählen. Mit den Beispielen aus der Trauerbegleitung soll die Unterschiedlichkeit und die Spannbreite der Erfahrungen aufgezeigt werden. Es sind Fenster mit zwei Flügeln. Es kann so sein oder genau entgegengesetzt oder alles dazwischen.

2 Facetten der Elterntrauer

Die Auseinandersetzung mit den eigenen Sorgen und Ängsten und eine Positionierung zur möglichen eigenen Elterntrauer sind eine gute Basis in der Vorbereitung auf die Begleitung trauernder Eltern.

In welcher Lebenssituation befinde ich mich selbst? Habe ich Kinder? Habe ich mich schon einmal mit der Situation auseinandergesetzt, dass mein Kind oder eines meiner Kinder sterben könnte? Was würde das für mich bedeuten? Was, glaube ich, wären meine Themen?

Die Ausführungen dieses Kapitels werden einen Strauß an Themen aufzeigen, die Ihnen dabei begegnen könnten:
- Ich habe keine Kinder mehr, da ich nur ein Kind hatte.
- Ich konnte mich nicht verabschieden, da es ein Unfall war.
- Mein Lebenspartner und ich kommen aus unterschiedlichen Kulturkreisen.
- Ich habe keine Vorstellung davon, was nach dem Tod ist und wo mein Kind dann wäre.

Trotz der Vielfalt der Themen, die aufgezeigt wird, sollte man sich darüber im Klaren sein, dass es Beispiele sind. Jede einzelne Begleitungssituation kann ein neues Thema oder eine Kombination von Themen hervorbringen. Das Gleiche gilt für mögliche Konfrontationen mit den eigenen Themen.

In der Elterntrauerbegleitung werden Themen an uns herangetragen, sie berühren uns, und das soll, darf und muss so sein.

Sie sind eingeladen, beim Lesen der Elterntraueraspekte in Gedanken diese Fragen mitzunehmen:
- Könnte dieser Aspekt der Elterntrauer mich berühren?
- Welche Haltung habe ich zu diesem Aspekt der Elterntrauer?

Um die Übersicht zu bewahren, sind die nun folgenden Aspekte der Elterntrauer nach Themenbereichen geordnet:
- Umstände des Todes (Kapitel 2.1)
- Alter des Kindes (Kapitel 2.2)
- Verlauf des Trauerprozesses (Kapitel 2.3)
- Trauer und System Familie (Kapitel 2.4)
- Noch weitere Facetten von Elterntrauer (Kapitel 2.5)

Den Abschluss der Facetten der Elterntrauer bildet ein Bericht über eine gelungene Elterntrauer, die zeigt, wie Liebe und Trauer sich miteinander verbinden können und ein gutes Weiterleben in Liebe zum verstorbenen Kind möglich ist.

2.1 Elterntrauer und Umstände des Todes

»Hätte ich den Tod verhindern können?«

Wann der Tod mich aus diesem Leben holt, das vermag niemand zu sagen. Das Leben wird uns geschenkt, und es wird uns wieder genommen, ohne dass wir darauf Einfluss haben, so scheint es. Medizinisch gesehen können wir erklären, wann der Körper nicht mehr lebensfähig ist, und wir können den Sterbeprozess beschreiben. Aber den Zeitpunkt, wann es so weit ist, kann niemand vorhersagen. Das gilt sowohl für den natürlichen Tod als auch für alle anderen Todesarten wie Krankheit, Unfall, Suizid und Tötungsdelikte gleichermaßen.

Wenn ein Kind sehr plötzlich stirbt, wenn es zur *falschen* Zeit am *falschen* Ort war, wenn einfach die *falschen* Umstände zusammengekommen sind, dann drängt sich für viele Eltern die Frage auf, ob sie dieses Geschehen hätten verhindern können. Für trauernde Eltern geht es bei solchen Geschehnissen um den Versuch, für eine Situation in ihrem Leben, die sich ihrer Kontrolle entzogen hat, eine für sie nachvollziehbare Erklärung zu finden. Manchmal lautet die Erklärung, dass dies nicht geschehen wäre, hätten sie etwas anders gemacht.

So kam ein trauerndes Elternpaar in die Gruppe, das erst recht spät seine einzige Tochter bekommen hatte. Die Mutter war bereits 35 Jahre alt, als die Tochter geboren wurde. Für ein zweites Kind schien es dem Paar zu spät zu sein, wie sie erzählten. Der Vater des Mädchens bewirtschaftete neben seinem Hauptberuf einen kleinen landwirtschaftlichen Hof. Die Mutter kümmerte sich um das Kind. Auch die Großmutter des Mädchens lebte mit auf dem Hof. Sie liebten ihre Tochter und Enkelin sehr. Sie war ein ruhiges und hilfsbereites Mädchen, das eng mit seiner Familie verbunden war. Sie begann eine Ausbildung und ging abends noch sehr oft zum benachbarten Bauern, um auf dessen Hof auszuhelfen. Das war keine Arbeit für sie, denn sie liebte die Natur.

An einem Abend im Januar kam sie mit ihrem Auto in einer Kurve von der Fahrbahn ab und prallte gegen einen Baum. Sie starb kurz nach der Einlieferung ins Krankenhaus. Sie wurde nur 18 Jahre alt. Als der Polizist an der Haustür klingelte, überbrachte er zuerst die Unfallnachricht und innerhalb dieses Gesprächs bekam er auf dem Handy die Nachricht, dass das Mädchen im Krankenhaus gestorben war.

Die Mutter des Mädchens konnte verständlicherweise nicht begreifen, was passiert war. Die Tochter war eine so vorsichtige Fahrerin, sagte sie. Minutiös schilderte sie den Tagesablauf und die Absprachen, die sie getroffen hatten. Es war ja schon dunkel, als das Mädchen sich auf den Rückweg machte. Die Mutter machte sich immer Sorgen um sie. Sie hatte die Tochter noch gesprochen, bevor sie zum Bauern ging. Sie hatte sie nochmal angerufen, um zu hören, wann sie kommen würde, aber die Tochter ging nicht ans Telefon, weil sie wahrscheinlich schon unterwegs war. Wenn sie doch eine Viertelstunde vorher angerufen hätte? Wenn die Tochter doch ans Telefon gegangen wäre? Oder war sie da schon tot? Die Fragenkette ging noch lange weiter.

Diese Fragen stellte sich die Mutter sehr lange. Nach einem Jahr zog sie sich aus der Gruppe zurück. Sie fand keine Antworten auf ihre Fragen, und die Trauer wog schwerer und schwerer, je mehr Zeit verging. Vier Jahre nach dem Tod der Tochter und auf die Frage, wie es ihr heute gehe, sagte sie: »Ich möchte nicht darüber reden. Das würde die alten Wunden wieder aufreißen. Ich bin froh, dass ich meinen Alltag schaffe.«

Trauernde Eltern können an solchen Stellen lange stecken bleiben. Das Gedankenkarussell um den Tod des Kindes dreht sich beständig weiter. Das ist für trauernde Eltern (ver-)störend, aber auch hilfreich. Hilfreich deswegen, weil es die Verbindung zum Kind aufrechterhält. Trauernde Eltern, die sich diese Fragen nicht stellen, nehmen den Tod als »Unfall« an, und das geht zu diesem Zeitpunkt für andere Trauernde vielleicht noch nicht. Gleichzeitig sind diese sich im Kreis drehenden Gedanken störend, weil sie den Weg zurück in das eigene Leben hemmen, weil sie keinen Raum lassen, nach vorn zu denken und zu schauen.

In der Begleitung trauernder Eltern sind Trauerbegleiterinnen hier gefordert, viel Geduld aufzubringen. Der hilfreiche Aspekt muss gesehen und gewürdigt werden. Dann ist es vielleicht möglich, gemeinsam einen Blick nach vorn zu wagen.

Tod durch Krankheit versus Tod durch Unfall

»Wenn ich eure Geschichten höre, dann denke ich, da hatte ich doch wieder mal Glück. Für euch war es viel schlimmer.« Dieses Zitat eines Vaters macht deutlich, dass die Einordnung des Todes eine wichtige Rolle spielen kann.

Die Eltern des 26-jährig verstorbenen Sohnes kommen zwei Monate nach dem plötzlichen Tod ihres Kindes in die Selbsthilfegruppe. Eines Morgens sei der Sohn nicht zur Arbeit in den väterlichen Betrieb gekommen. Am Mittag fanden die Eltern ihn tot in seiner Wohnung auf. Der Tod des Sohnes warf den Vater aus seiner Bahn. Er berichtete, dass er im Leben schon so einigen Unfug gebaut habe, echten Unfug, aber es sei immer irgendwie gut gegangen, und er habe wieder die Kurve gekriegt. Aber das hier sei etwas anderes. Hier hatte er zum ersten Mal nicht mehr das Zepter in der Hand. Der kraftvolle Mann wurde von der Trauer geradezu überrollt. Bei seinem zweiten und letzten Besuch der Trauergruppe hörte er die Geschichte einer trauernden Familie, die ihr Kind sehr lange auf dem Weg durch eine schwere Krankheit hatte begleiten müssen. Er war still und nachdenklich. In der Abschlussrunde äußerte er dann den Gedanken, dass er doch noch mal Glück gehabt habe. Er führte aus, dass sowohl seinem Sohn als auch ihm vieles erspart geblieben sei.

Hier zeigt sich, dass dieses »In-Bezug-setzen« des erlebten Todes des Kindes eine Funktion haben kann. Es stärkte den Vater, weil er für sich sah, dass es für ihn noch viel schwieriger hätte sein können. Es nahm ihn gleichzeitig mit in das Boot der anderen trauernden Eltern, die auch einen schweren Weg gingen.

Die Eltern von erkrankten Kindern beschreiben oft, dass die Erkrankung des Kindes ihnen die Möglichkeit gegeben hat, sich auf den kommenden Tod vorzubereiten und vor allem auch Abschied zu nehmen. Bei plötzlichen Todesfällen fehlt diese Möglichkeit. Für diese Eltern wäre ein plötzlicher Tod die schwierigere Situation gewesen.

Sicherlich kann es eine objektive Einordnung und »Hierarchisierung« von Todesfällen nicht geben. Es ist jedoch wichtig in der Trauerbegleitung, diese Einordnung zuzulassen, wenn sie für die Eltern hilfreich ist.

Wenn Leben und Tod sich miteinander verbinden

Im Jahr 2015 starben in Deutschland dreißig Frauen kurz vor, während oder kurz nach der Geburt ihres Kindes.[2]

Ein Vater erzählte: »Am Morgen um elf Uhr habe ich Freunde und Familie angerufen, um allen zu erzählen, dass ich Großvater geworden bin. Um 17 Uhr rief ich sie wieder an, um zu erzählen, dass meine Tochter soeben gestorben ist.« Die Tochter starb aufgrund eines Ärztefehlers bei der Geburt durch Kaiserschnitt, weil ein Blutgefäß verletzt worden war. Der Tod der Tochter und die Geburt des Enkelkindes fielen auf den gleichen Tag.

In der Verarbeitung seiner Trauer hat der Vater/Großvater diesen einschneidenden Tag zweigeteilt. Der Vormittag gehört ganz der verstorbenen Tochter. Er und seine Frau kaufen ein kleines Geschenk für die Tochter, sie besuchen das Grab und erzählen von ihr. Der Nachmittag gehört dann ganz dem Enkelsohn. Er hat ja schließlich Geburtstag, und das will gefeiert werden. Gleichwohl bleibt es eine Herausforderung für die Familie. Leben und Tod haben einander berührt und sich miteinander verbunden.

Ein junges Ehepaar erwartete seine ersten Kinder, Zwillinge. Das eine Kind im Mutterleib war ein Mädchen, lebendig und gesund, so schien es. Der Zwillingsbruder war kleiner und ruhiger und gab den Ärzten und Eltern schon vor der Geburt Anlass zu Sorge.

---

2 Die Sterblichkeitsrate von Müttern ist im Jahr 2015 auf unter vier Mütter je 100.000 lebendgeborene Kinder gesunken (Bundesinstitut für Bevölkerungsforschung, 2017).

Kurz vor der Geburt kam es jedoch anders als erwartet. Das Mädchen starb noch im Mutterleib und die Mutter brachte die verstorbene Tochter und den lebenden Jungen auf die Welt. In der Trauerberatung zeigten die Eltern ein Foto, auf dem die Mutter beide Kinder im Arm hält, den lebenden Jungen und die tote Tochter. Der Vater stand an ihrer Seite und schaute auf sie herab. Ein bewegenderes Bild ist kaum vorstellbar.

Für die jungen Zwillingseltern liegen der Todestag der Tochter und der Geburtstag des Sohnes drei Tage auseinander. Diese Trennung ist für die Eltern in der Verarbeitung ihrer Trauer überlebenswichtig. Nur so gelang es ihnen in den ersten Jahren *irgendwie*, diese Tage zu überstehen.

Einer kommt – einer geht, diese Worte gebrauchen wir oft, wenn zum Beispiel nach dem Tod des Großvaters bald ein Enkelkind geboren wird. Wir beschreiben damit, dass die Welt sich weiterdreht und Leben sich ständig erneuert.

Aber diese Berührung des Lebens mit dem Tod tief in unserem Herzen zu spüren und aushalten zu müssen, hat eine ganz andere Qualität. Sie reißt an uns. Wie soll es gelingen, sich über das neue Leben zu freuen, wenn der Tod sich an seine Seite gestellt hat? Wie kann ich meiner Trauer Raum geben, ihr nachspüren und sie leben, wenn das junge lebendige, eben geborene Wesen beständig nach dem Leben und nach mir ruft?

Die Frage der Bewältigung des schieren Alltags ist hier noch nicht einmal gestellt. In jedem Moment mit dem lebenden Kind ist auch der Verlust nah. Der Tod ist nicht vom Leben zu trennen, und so ist es auch viel schwieriger, ihn wenigstens für eine Zeit zur Seite zu stellen und sich »nur« dem Leben zuzuwenden.

Für die praktische Trauerbegleitung zeigen die beiden Beispiele, wie wichtig es ist und wie es gelingen kann, für beide Ereignisse, den Tod und das neue Leben, einen eigenen Raum zu schaffen.

»Ich weiß gar nicht, ob er tot ist«
Nicht Abschied nehmen zu können, ist so schwer zu ertragen, dass es den Trauerprozess erheblich erschweren und belasten kann. Es ist sehr viel schwerer zu begreifen, dass das Kind gestorben ist, wenn wir es nicht mit eigenen Augen sehen konnten. Manchmal passiert das jedoch, weil die Menschen in unserer Umgebung, wie zum Beispiel Ärzte, Seelsorgerinnen, Bestatter oder auch Familienmitglieder, meinen, wir sollten den Menschen so in Erinnerung behalten, wie er war. Sie meinen, die Eltern würden den Anblick des toten Kindes nicht ertragen. Sie wollen in bester Absicht den Eltern den Anblick des verstorbenen Kindes »ersparen«, weil es zum Beispiel bei einem Unfall schwer verletzt worden ist. In einer solchen Situation können die Eltern trotzdem die Entscheidung treffen, ihr verstorbenes Kind noch einmal zu sehen. Ob sie die Folgen absehen können, ist dabei ungewiss.

Und manchmal gibt es vielleicht keinen Körper mehr, den man anschauen könnte. Das Kind ist ertrunken und nicht gefunden worden. Oder es ist im Ausland ums Leben gekommen und dort bestattet worden. Hier gibt es für die Eltern keine Wahl.

In der Trauerbegleitung schilderte eine Mutter, deren Tochter im Alter von dreißig Jahren starb, die besonderen Umstände, die ihr einen persönlichen, körperlichen Abschied unmöglich machten. Es waren irgendwie mysteriöse Umstände. Die Tochter war in Südamerika unterwegs. Sie reiste mit dem Rucksack. Auf der Reise infizierte sie sich mit einem Virus und starb nach einigen Tagen daran. Aufgrund der rechtlichen Bestimmungen dieses Landes durfte der Leichnam nicht ins Heimatland übergeführt werden und wurde vor Ort verbrannt. Die Mutter erhielt lediglich die Urne mit der Asche ihrer Tochter zurück.

Ein anderes Elternpaar berichtete, dass ihr Sohn bei einem Autounfall verbrannte. Ihnen wurde geraten, sich diesen Anblick zu ersparen. Sie folgten dem Ratschlag, weil sie in dieser schwierigen Situation gar nicht in der Lage waren, die Entscheidung zu reflektieren oder über die Konsequenzen nachzudenken. Aber bereits am offenen Grab dachte die Mutter: »Ich weiß gar nicht, ob er tot ist.«

Die Zeit zwischen Tod und Beisetzung ist deshalb so außergewöhnlich wichtig, weil die Beisetzung etwas abschließt, was nicht nachholbar ist, nämlich den körperlichen Abschied, wenn ein Körper vorhanden ist. Dieser Abschied ist eine Chance, den Tod zu begreifen, im wahrsten Sinne des Wortes, und für den Trauerweg von entscheidender Bedeutung. Die Beispiele zeigen jedoch, dass dieser Abschied aus vielfältigen Gründen manchmal nicht möglich oder nicht erfolgt ist.

»Inneres Begreifen« zu unterstützen ist die Herausforderung, vor der die Begleitung trauernder Eltern in dieser Situation steht. Dies appelliert an die Kreativität der Begleitung. So könnte zum Beispiel das Aufsuchen des Unfallortes oder der Kontakt mit den Menschen, die den Toten gesehen haben, hilfreich sein. Möglicherweise kann ein passendes Ritual gefunden werden, das die Eltern unterstützt.

Hier sind im Vorfeld Ärzte, Polizei, Feuerwehr und Bestatter aufgefordert, betroffene Eltern aufzuklären und vorzubereiten, damit sie sich besser entscheiden können, ob sie Abschied vom Körper des verstorbenen Kindes nehmen möchten, wenn dies noch möglich ist.

2.2 Elterntrauer und Alter des Kindes

»Wir möchten ein weiteres Kind«

Wenn ein Kind stirbt und die Eltern noch jung (genug) sind, kommt häufig die Frage und der Wunsch nach einem weiteren

Kind auf. Sehr ausgeprägt ist dieser Wunsch, wenn Eltern ein Kind durch Früh- oder Fehlgeburt verloren haben oder wenn es um den Geburtstermin herum gestorben ist. Der Wunsch nach einem weiteren Kind ist jedoch auch mit vielen Ängsten verknüpft. Wird es das Kind diesmal schaffen? Werden wir Eltern es vor dem Hintergrund des vorherigen Verlustes schaffen, Ängste und Sorgen auszuhalten, die mit Schwangerschaft und Geburt verknüpft sind?

Hannah Lothrop (2016) hat mit ihrem Buch »Gute Hoffnung, jähes Ende« ein sehr umfassendes und hoffnungsvolles Werk für betroffene Eltern und deren Wegbegleiter verfasst. Sie setzt sich auch mit dem Wunsch nach einem weiteren Kind auseinander. In ihrem Buch zitiert sie dazu eine amerikanische Autorin: »Die Eltern müssen seelisch so weit erholt sein, dass sie die Kraft haben, eine weitere Schwangerschaft, eine weitere Geburt und – wie ein Paar es ausdrückte –, wenn es sein muss, auch einen weiteren Tod durchzustehen, falls er eintreten würde« (Lothrop, 2016, S. 230). Klar ist damit, dass eine weitere Schwangerschaft zu früh wäre, wenn sie erfolgreich sein »muss«.

Wenn ein Kind einige Zeit oder vielleicht bereits einige Jahre gelebt hat, dann gibt es über die Bindung in der Schwangerschaft hinaus die Erinnerungen an das gelebte Leben mit diesem Kind. Gerade wenn Kinder noch sehr klein sind, ist die Bindung auch von Seiten der Kinder seelisch und körperlich sehr intensiv. Kleine Kinder kuscheln und schmusen und sind uns im wahrsten Sinne des Wortes sehr nah. Mit solchen Erinnerungen ist die Sehnsucht sehr groß, wieder etwas so Kleines und Lebendiges im Arm zu haben.

Eine Mutter sagte bereits unmittelbar nach dem Tod ihrer 18 Monate alten Tochter, die an einer Herzerkrankung gestorben war: »Wir wünschen uns so sehr, erneut so ein Wunder erfahren zu dürfen.« Eine andere Mutter, deren Tochter im Alter von sechs

Jahren an einer Krebserkrankung gestorben war, äußerte bereits ein halbes Jahr nach dem Tod: »Wir wollen noch ein Kind. Wir haben noch so viel Liebe. Und wir haben nicht mehr so viel Zeit zu warten, wir sind ja schon über dreißig.«

Kann man den Eltern diese Sehnsucht verdenken? Trotz aller Bedenken, die man anführen könnte, liegt darin auch immer der Blick in die Zukunft, den diese Eltern wagen. Er zeigt, dass sie nach vorn schauen, Hoffnung haben und das eigene Leben in sich spüren.

Eine Mutter, deren Sohn im Alter von 13 Jahren an einem Asthmaanfall gestorben war und die noch einen siebenjährigen weiteren Sohn hatte, erzählte: »Ich habe auch darüber nachgedacht. Ich bin ja noch jung, ich könnte noch ein Kind bekommen. Aber dann habe ich mich dagegen entschieden. Ich hätte immer das Gefühl, ich wolle ihn ersetzen. Wenn er nicht gestorben wäre, hätte ich auch keine Kinder mehr bekommen.«

Diese Beispiele weisen darauf hin, dass trauernde Eltern ein gutes Gespür dafür haben, auf wie viel Leben sie sich einlassen wollen und können. Das Leben wird die richtige Antwort geben. Es gibt kein Richtig oder Falsch in so einer Situation. Wir sind Menschen, und wir handeln wie Menschen. Egal, wie Eltern sich entscheiden, es wird nie leicht sein und nicht leicht werden. Ob nun ein weiteres Kind kommt oder nicht, Fragen und Probleme zeigen sich oft erst auf dem Weg. Eines ist aber klar: Alle Eltern, die sich für ein Kind entschieden haben, sagen: »Es ist so schön, dass ihr euch mit uns gefreut habt. Sorgen haben wir uns allein schon genug gemacht.«

Das Thema eines weiteren Kindes geht in eine andere Richtung, wenn die trauernden Eltern bereits zu alt sind, um weitere Kinder zu bekommen. Diese Eltern trauern dann nicht nur darum, dass ihr einziges Kind gestorben ist, sondern zusätzlich darum, dass sie seinerzeit nicht mehr Kinder bekommen haben. Dieses Kind fehlt ihnen nun. »Hätte ich doch noch ein zweites Kind bekommen, dann hätte ich jetzt noch ein Kind. Aber damals war uns das zu viel. Wir mussten beide arbeiten gehen ...« Die Herausforderung für diese Eltern liegt nicht in der Gestaltung des Lebens mit einem weiteren Kind und für das weitere Kind mit Blick in die Zukunft. Die Herausforderung liegt hier in der Verarbeitung und Annahme von zurückliegenden Entscheidungen, die einen wesentlichen Einfluss auf ihre jetzige Situation haben. Hier brauchen Eltern umsichtige Trauerbegleiter, die diese doppelte Trauer sehen und darin mitgehen können.

»Meine Söhne waren 42 und 48 als sie starben« – Trauern Eltern älterer Kinder anders?

Ich lernte die verwaiste Mutter kennen, als sie schon über siebzig Jahre alt war. Sie hatte zwei Söhne. Im Jahr 2011 starb ihr jüngerer Sohn. Er war Anfang vierzig. Er war an einer Hepatitis-C-Infektion erkrankt und verlor nach eineinhalb Jahren den Kampf gegen die Krankheit. Die Mutter konnte sich von ihm verabschieden, und für sie war es gut so, wie es war. Eine Lebertransplantation wäre nicht mehr möglich gewesen, und sein weiteres Leben, wenn es das gegeben hätte, wäre von Maschinen abhängig und bestimmt gewesen.

Dann starb 2012 plötzlich und völlig unerwartet auch ihr zweiter, älterer Sohn im Alter von 48 Jahren an einem Herzinfarkt. Sie sagte: »Ich habe gelebt wie ein Zombie in der Zeit danach.« Nichts ging mehr.

Über viele Jahre bereits lebte die Frau getrennt von dem Vater ihrer Söhne. Die Söhne ihrerseits waren häufig in der Welt unterwegs, ihre Ehen geschieden und kinderlos. Nach dem Tod der Söhne stand die Frau, die selbst keine Familie mehr hatte, völlig allein da. Sie hatte niemanden, mit dem sie hätte zusammen trauern können. Das Leben ihres älteren Sohnes war im Alltag eng mit ihrem Leben verknüpft; er kümmerte sich um alle finanziellen Angelegenheiten und nach seinem Tod wurde nicht nur die innere, sondern auch die äußere Ordnung völlig auf den Kopf gestellt. Sie musste sich um ihre Angelegenheiten kümmern, fühlte sich dazu aber nicht in der Lage. Sie war wie gelähmt.

Die Trauer um die beiden Söhne begann erst viel später. Sie fand eine Selbsthilfegruppe für trauernde Eltern. In dieser Gruppe fühlte sie sich dazugehörig und aufgehoben. »Das wurde meine Familie«, sagte sie. Hier wurde ihre Trauer geteilt.

Ich fragte die Mutter, ob sie glaube, dass es einen Unterschied mache, ob Kinder als Kleinkinder oder als Erwachsene sterben. Ob man als Eltern, die selbst schon alt sind, vielleicht anders auf das Sterben schauen würde oder könne? Schon als ich die Frage stellte, kannte ich die Antwort: Nein. Es ist der Tod eines Kindes, das Alter spielt keine Rolle. Überaus bedeutsam war dagegen, dass sie nach dem Tod des zweiten Sohnes ganz allein war.

In einem anderen Fall des späten Verlustes hatten die Eheleute vier Kinder. Als der Ehemann und Vater der Kinder bereits 82 Jahre und die Ehefrau und Mutter 79 Jahre alt waren, starb ihr Sohn im Alter von 44 Jahren. Ein Grippevirus schlug auf die Organe und schädigte sie. An einem Montag kam er im Krankenhaus direkt auf die Intensivstation. Dort wurde er gefragt, ob er einer Sedierung, das heißt einem künstlichen Koma, zustimme, um den Körper zu schonen und eine bessere Heilung zu ermöglichen. Nach einem ersten Nein stimmte er dann aber doch zu. Aus diesem Koma erwachte er nicht mehr und starb eine Woche darauf, weil Leber, Lunge und Herz versagten und das Gehirn nicht mehr arbeitete. Ein paar Tage nach seinem Tod wäre sein 45. Geburtstag gewesen.

Dieser Sohn lebte schon lange in der nächsten Großstadt. Er hatte seit einigen Jahren eine Lebensgefährtin, aber keine Kinder.

Er liebte den Fußball über alles, er war ein wesentlicher Lebensinhalt. Die Trauerfeier wurde von den Freunden und Geschwistern gestaltet. Sie wählten die Lieder und Texte zu Fußball und Lebensfreude aus und trugen die Urne zum Grab. Die Eltern wählten als einziges Lied »Geboren, um zu leben« von »Unheilig« aus. Der Priester, der den jungen Mann schon aus der Jugend kannte, hielt eine wunderbare Predigt und verband gekonnt die Anliegen der Eltern mit denen der jungen Leute. Der Sohn wurde an einem Apriltag im Sonnenschein beigesetzt. Die Mutter sagte am offenen Grab: »*Er ist bei Sonnenschein geboren, er wurde bei Sonnenschein getauft. Als er starb, schien die Sonne, und heute wird er bei Sonnenschein beerdigt.*« In dieser Grundhaltung begann für die Eltern der Trauerweg. Bereits nach kurzer Zeit suchten sie sich jedoch begleitende Unterstützung, denn die Trauer um ihren Sohn prägte ihren Alltag tiefer, als sie dachten.

Die geschilderten Trauerfälle verdeutlichen, dass die Spannweite der Elterntrauer beim Tod von längst erwachsenen Kindern nicht anders ist als beim Tod jüngerer Kinder. Auch das Lebensalter und die Lebenserfahrung »älterer« Eltern verringern nicht die Tiefe der Trauer. Sie brauchen unsere Begleitung in all ihren persönlichen Belangen wie jüngere Eltern auch.

2.3 Elterntrauer und Verlauf des Trauerprozesses

Was tut die Zeit dazu?
Trauernde Eltern stellen oft zu Beginn einer Beratung oder Begleitung die Frage, wie lange die Trauerzeit dauert. Ähnlich der Frage nach der verbleibenden Lebensdauer, wenn man eine lebensverkürzende Diagnose erhält, wünschen sie sich eine Aussage darüber, wann sie es denn geschafft haben könnten. Gleichzeitig fragen sie, ob Trauer überhaupt vorübergeht.

In Selbsthilfegruppen antworten Eltern, deren Kind bereits vor einigen Jahren gestorben ist, häufig, dass Trauer nicht vorbeigeht, sondern dass sie sich ändert. Das folgende Elterntrauerbeispiel erzählt von solchen Veränderungen.

Die Eltern hatten drei gemeinsame Kinder. »Bis 2007 waren wir eine fröhliche Familie«, begann die Mutter ihre Erzählung. In diesem Jahr starb ihr damals 26-jähriger Sohn durch einen Unfall am Nürburgring. Er saß dort als Zuschauer auf einem alten Bundeswehr-Lkw. Er liebte den Motocross, und seine Freundin hatte ihm eine Karte für dieses Offroad-Rennen geschenkt. Durch einen Fahrfehler der Fahrerin, die mit dem Lkw durch das Gelände fuhr, kippte das Fahrzeug um. Der Sohn kam dabei unter ein Rad des Lkws und starb als Einziger der zwanzig Zuschauer, die darauf saßen.

»In der ersten Zeit war ich sehr aggressiv und wütend«, sagte die Mutter. Sie blieb zu Hause und wollte nicht mehr vor die Tür gehen. »Ich habe sogar die Rollläden heruntergemacht, wenn die Sonne schien«, erzählte sie. Nach einem halben Jahr sagte ihre Tochter zu ihr: »Wir sind auch noch da!« Das rüttelte sie etwas wach. »Es stimmt ja«, sagte sie.

Ihr Hausarzt vermittelte sie in eine Selbsthilfegruppe. Sie berichtete, dass sie die ersten Male dort nur geheult und geredet habe. Viele alte Wunden brachen auf und wollten beachtet werden. Aber es tat ihr gut und half. »Für was sollte sein Tod gut sein?« Diese Frage stellte sie sich. Man sagt ja, es gäbe keinen sinnlosen Tod, erzählte sie. Im Austausch mit dem Pastor meinte dieser, dass ihr Sohn dadurch vielleicht vor etwas bewahrt worden sei. Diesen Erklärungsversuch konnte sie annehmen. »Es sollte wohl nicht sein«, sagte sie.

Nach acht Jahren schaffte es die Mutter, die Wohnung des Sohnes endgültig auszuräumen. Dabei schaute sie sich nochmal die Fotos an, die dem Sohn gehört hatten, und erkannte darin, wie viel Freude und Freunde er in seinem Leben gehabt hatte.

Am zehnten Todestag des Sohnes kamen die Freunde des Sohnes ins Haus und luden die Eltern ein, mit ihnen zu dem Platz zu kommen, an dem sich die Clique früher immer getroffen hatte. Es war eine Wiese, auf der sich die jungen Leute damals eine kleine Hütte für ihre Zusammenkünfte gebaut hatten. Ihr verstorbener Freund liebte den Ahorn. Nach seinem Tod pflanzten die Freunde deshalb an diesem Ort einen kleinen Ahorn, aus dem inzwischen ein stattlicher Baum geworden war. Diesen Baum wollten sie den Eltern zeigen. Sie schenkten den Eltern ein Fotoalbum, dessen Einband ein Foto aller Freunde um diesen Ahorn herum zierte. Die Mutter sagte: »Da habe ich Rotz und Wasser geheult. Das hat so gutgetan! Was hatte er doch für ein schönes Leben.«

An diesem Trauerprozess wird deutlich, dass der Weg zum einen lang ist und zum anderen durch Veränderung gekennzeichnet ist. Zu Beginn, in der akuten Trauerzeit, war er geprägt von den tiefen Gefühlen der Trauer und des Schmerzes, die mit dem Verlust des Kindes verbunden waren. Im Laufe der Zeit begannen die trauernden Eltern wieder langsam im Leben Fuß zu fassen. Einzelne Begebenheiten und Äußerungen von wichtigen Bezugspersonen der Eltern und die Auseinandersetzung mit dem Tod bewirkten zusätzlich eine Wandlung in der Wahrnehmung des Geschehens.

Das Zitat der Mutter am zehnten Todestag »Da habe ich Rotz und Wasser geheult, das hat so gutgetan!« zeigt, dass die Trauer und die Erinnerung an den Tod des Kindes immer mal wieder kommen und sich irgendwann neben die Freude am Leben stellen können und dürfen.

Natürlich sind Dauer und Art dieses Prozesses bei jedem trauernden Menschen anders ausgeprägt. Zwar können wir als

Trauerbegleiter und Trauerbegleiterinnen gegenüber trauernden Eltern keine Aussage über die Dauer oder die zu erwartenden Änderungen machen, wohl aber darüber, dass es sich mit der Zeit ändern wird. Ganz wenige Ausnahmen bestätigen diese Regel.

»Zuerst war es fast Euphorie« – ein Trauerprozess
Die Eltern, von denen hier berichtet wird, hatten zwei Kinder. Eine Tochter und einen Sohn. Nach einem zweijährigen Auf und Ab zwischen Hoffnung und Angst, zwischen Genesung und Wiedererkrankung starb die Tochter an Leukämie. Es war eine lebhafte Familie, so erzählte die Mutter. Sie selbst hatte ein expressives, starkes, lebendiges Temperament. Der Vater schien der Ruhepol zu sein. Zu Beginn der Begleitung, kaum vier Wochen nach dem Tod der Tochter, berichtete sie beinahe euphorisch und unter vielen Tränen von der Erkrankung und vom Abschied ihrer Tochter. Die Stärke und der Kampfgeist ihrer Tochter schienen sie noch über den Tod hinaus zu beflügeln und über sich hinauswachsen zu lassen. Gemeinsam hatten sie gekämpft und gemeinsam waren sie diesen Weg bis zum Schluss gegangen.

In der Begleitung entstand der Eindruck, dass diese Eltern es bestimmt gut schaffen würden in ihrer Haltung. Bei den nächsten Treffen zeigte sich jedoch, dass das eigene System der Mutter sie nicht mehr zu tragen imstande war. Die Trauer brach sich Bahn in gleicher Intensität wie der als gelungen erlebte Abschied zuvor. Trotz regelmäßiger Unterstützung brauchte es einige Zeit, bis die Mutter wieder ein wenig innere Stabilität spürte. Dann nahte der erste Todestag, der mit einiger Aufregung verbunden war. Die Familie wollte diesen Tag »schön« gestalten und die Mutter stürzte sich mit ihrer kreativen Energie in die Vorbereitung. Die Folgen dieses Tages waren anders als erwartet: Sie spürte die Wahrhaftigkeit des Todes ihrer Tochter noch viel intensiver als zuvor. Der erste Jahreszyklus ohne die Tochter war geschafft, und doch erleichterte das nicht. Und wieder fiel sie in eine tiefe Krise, die mit all ihrer Emotionalität aufbrach. Für die Mutter brauchte es wiederum viel Zeit, um gut in ihren Lebensalltag zu finden. Nach einem weiteren halben Jahr erwarteten die Eltern erneut Nachwuchs. Sie hatten sich dieses Kind sehr gewünscht. Aber jetzt, wo die Schwangerschaft tatsächlich da war, traten plötzlich massive Sorgen und Ängste gepaart mit erneuter tiefer Trauer auf, und die Freude wollte sich nicht einstellen. Es brauchte wieder Zeit dafür.

An diesem Beispiel eines Trauerweges zeigt sich deutlich, wie Trauer durch ausgeprägte Wellenbewegungen gekennzeichnet sein kann. Es ist eben kein gleichförmiger Prozess. In der Begleitung kann das mitunter verwirren und Irritationen hervorrufen. Glaubten wir als Trauerbegleiter die Eltern auf einem guten Weg und sehen sie alsbald in einer tiefen Krise, hinterfragen wir dies womöglich auch im Hinblick auf unser eigenes Wirken. Wichtig erscheint, diese Bewegung als natürlich anzuerkennen, immer den Blick auf die gesamte Entwicklung des Trauerweges zu richten und jederzeit das Geschaffte im Blick zu halten.

Besondere Tage und Ereignisse:
Da ist sie wieder, die Trauer!

Jeder Mensch geht seinen ureigenen Trauerweg. Der Tod des Kindes hat eine Wunde in unser Herz gerissen, die nur langsam verheilt. Meistens jedenfalls. Die Narbenbildung verläuft bei betroffenen Eltern sehr unterschiedlich. Manche Wunde verheilt gut, und wir sehen nach einiger Zeit eine »schöne« Narbe. Manche Wunde mag nur sehr, sehr langsam heilen, und es bleiben lange offene Stellen, die besonderer Narbenpflege bedürfen. Es braucht in diesen Fällen viel Geduld bis zur Heilung. Manche Wunden heilen gar nicht. Sie wollen sich nicht schließen. Bei der kleinsten Bewegung reißen sie wieder auf. Es ist wie bei der Wundheilung an unserem Körper. Es kommt auf die Art und Größe der Verletzung, die Qualität der Wundversorgung, die Konstitution des Menschen und sein »Heilfleisch« an, wie schnell die Verletzung ausheilt. Im Trauerprozess von Eltern kann man immer wieder erleben, dass das Narbengewebe, obschon es gut verheilt aussieht, doch noch nicht bis in die untersten Schichten stabil ist. Plötzlich und unerwartet für die Eltern und Umstehende bricht es manchmal wieder auf.

Dazu nochmal zurück zu den Eltern, die bei der Geburt ihres Enkels ihre Tochter verloren haben. In den ersten Jahren haben sie sich sehr intensiv um den Enkel gekümmert und den Vater dadurch entlasten können. Sie sahen das Kind heranwachsen und genossen es sehr, weil der Junge das Bindeglied zu ihrer verstorbenen Tochter ist. Das war nicht leicht, denn im Enkel sehen die Eltern natürlich jedes Mal auch ihre Tochter wieder. Wie jeder Jugendliche wird auch ihr Enkel mit der Pubertät selbstständiger und beginnt sich aus dem Elternhaus zu lösen. Dies spüren auch die Großeltern, die er nun seltener besucht. Damit wird auch der Kontakt zum Schwiegersohn seltener, der inzwischen mit seiner neuen Partnerin ein weiteres Kind hat. Und da ist sie wieder, die Trauer. Dieses Loslassenmüssen (und Loslassenwollen) des Enkels bedeutet für die Großeltern auch, nochmal ein Stück ihre Tochter loszulassen. Sie erleben erneut eine unerwartet tiefe Trauer. Nicht ganz so schmerzhaft wie am Anfang, aber doch sehr tief. Sie sind in Sorge und hoffen: Hoffentlich entfernt sich der Enkel nicht allzu weit weg, hoffentlich kommt er wieder zurück. So wie alle Eltern es mit heranwachsenden Kindern erleben, so erleben es diese (Groß-)Eltern mit ihrem Enkel auf einer tiefen und vielschichtigen Ebene.

Im Verlauf des Trauerprozesses gibt es Tage, die von herausragender Bedeutung sind oder werden, die aber Trauerbegleiter, Freunde und Bekannte der trauernden Eltern selten im Blick haben. Dazu gehören bei Familien mit mehreren Kindern die Tage, an denen die Geschwisterkinder genauso alt sind wie das verstorbene Geschwisterkind, oder auch der Tag, an dem das jüngste Geschwisterkind älter wird als die verstorbene Schwester oder der Bruder werden durfte. Solche Tage sind bedeutsam für Eltern und Geschwister. Das Alter des Kindes zum Todeszeitpunkt verknüpfen viele trauernde Eltern mit dem Alter der lebenden Kinder und sie nehmen diese Information mit auf den weiteren Lebensweg. Wenn das Geschwisterkind so alt ist wie das verstorbene Kind, dann ist auch immer sein Sterben in diesem Alter in den Gedanken präsent. Wenn das jüngste Kind älter wird als das verstorbene Kind, wenn es also im Alter von allen Geschwistern »überholt« wurde, dann fällt es altersmäßig aus dem ursprünglichen Familienraster heraus. Auch wenn dieses Datum nicht im Kalender verzeichnet ist, wird es oft spürbar für die Eltern und auch für die Geschwister.

»Schon Wochen vorher schlich sich mein verstorbener Sohn dauernd in meine Gedanken«, erzählte eine Mutter. »Ich wusste erst gar nicht, warum, bis ich mich erinnerte, dass nun bald der Tag ist, an dem der jüngste Sohn älter wird, als sein Bruder es werden durfte. Ich hatte diesen Tag ja einmal exakt ausgerechnet«, sagte sie.

Eine andere Mutter berichtete, dass an einem Tag im Oktober, drei Jahre nach dem Tod der älteren Tochter, sich ganz plötzlich ein Blatt wendete für die Familie. Die jüngere Tochter hatte sich seit dem Tod der Schwester extrem zurückgezogen und fast nicht mehr gesprochen. Dieser Tag im Oktober war genau der Tag, an dem die jüngere Tochter älter wurde als die verstorbene Schwester geworden war. Ihre Tochter sagte dazu: »Ich habe immer gedacht, wenn ich diesen Tag überlebe, wenn ich älter bin als meine Schwester, dann kann ich wieder leben.«

»Wir hatten jetzt den Tag, an dem unser Sohn genauso alt war wie unsere Tochter, als sie erkrankte und wir die Diagnose erhielten«, erzählte ein Vater. Dass er dies wusste, hieß, dass er es ebenfalls ausgerechnet haben musste.

Ein weiterer »denkwürdiger« Tag ist auch der Tag, an dem das Kind nun länger tot ist, als es gelebt hat.

Dies sind Momente und Ereignisse, an denen die Eltern fast magisch innehalten. Manchmal brechen dabei die alten Wunden noch einmal auf. Die Eltern spüren ihre Trauer wieder, sie denken zurück, und oft gehen sie danach einen weiteren Schritt auf ihrem Trauerweg in Richtung Leben voran.

Trauerbegleiterinnen und Trauerbegleiter, die damit in Kontakt kommen, begegnen dabei ganz besonderen und sehr individuellen Markierungen auf dem Trauerweg trauernder Eltern. Sie können eine tiefe Auswirkung auf den weiteren Trauerprozess haben und wollen gewürdigt und vielleicht gestaltet werden. Hier können Trauerbegleiter gut Unterstützung anbieten.

Ist die Erinnerung das Paradies, aus dem uns niemand vertreiben kann?

Das mit der Erinnerung ist so eine Sache. Eltern wollen sich erinnern, sie wollen über ihre Kinder sprechen, das sagen sowohl Trauerbegleiter als auch die trauernden Eltern selbst. Die meisten jedenfalls.

Ganz oft begegnen die Eltern indessen Menschen, die ganz schnell das Thema wechseln, wenn sie beginnen, über das Kind oder dessen Tod zu sprechen. Sehr viele Menschen können das Leid trauernder Eltern nicht mittragen, wissen nicht, wie sie reagieren sollen, und haben Angst vor der Berührung mit dem Thema.

Im Austausch mit Eltern, die das Gleiche erlebt haben, finden sie den Raum, den sie so dringend brauchen, um über das

Kind zu sprechen. Da ist das Verständnis für ihre Situation, da braucht es nur wenige Worte und das Gegenüber versteht. Alternativ haben sie eine Einzeltrauerbegleitung oder einen therapeutischen Rahmen gefunden, in dem diese Auseinandersetzung mit der eigenen Erinnerung ebenfalls möglich ist. Dieses Sprechen über das Kind, seinen Tod und die Folgen, immer wieder und immer wieder, ist überaus wichtig, um die Situation und das Geschehene zu begreifen und zu verarbeiten. So wird es möglich, auch über schöne Erinnerungen zu sprechen und die bunten Bilder wieder lebendig werden zu lassen.

So stellen wir uns das im Allgemeinen vor: Die Zeit heilt die Wunden. Es bleiben die Erinnerungen. Und wenn wir uns an diesen Ort der Erinnerungen begeben, dann ist es das Paradies, aus dem wir nicht vertrieben werden können. Diese Erinnerungen kann uns niemand nehmen. Ist das wirklich so? Ist das immer so? Die Erinnerung spielt auch in der folgenden Elternerfahrung eine wesentliche Rolle, aber in einer anderen Form als gedacht.

Bei dieser Mutter geht zum Thema »Erinnerung« ein anderes Fenster auf: Wenn sie sich an die Kindheit ihrer Tochter erinnert, an das Leben mit ihr, dann nimmt sie wahr, dass ihr Kind *nur noch* eine Erinnerung ist. Dann kommt der Schmerz wieder mit all seiner Wucht. Die Mutter, eine begeisterte Fotografin, hat Unmengen an Fotoalben mit Fotos aller Art und natürlich auch mit den Fotos ihrer Kinder. Sie kann bis heute diese Fotos nicht anschauen. Darin würde für sie sichtbar, wie schön die Zeit mit ihren kleinen Kindern war. Gleichzeitig würde sie darin sehen, dass es ganz furchtbar für sie und ihre Familie geendet hat. Ihre Tochter nahm sich das Leben, als sie 16 Jahre alt war, und für die Mutter zerriss dadurch das Leben. Das ist nun bereits über neun Jahre her. Gegenwärtig sind diese Erinnerungen kein Paradies.

Diese Trauererfahrung macht deutlich, dass Erinnerung viele Facetten haben kann. Wenn es keinen Zugang zu den positiven Erinnerungsanteilen gibt, ist der Trauerweg häufig schwer zu bewältigen. Zentral für den Trauerweg im obigen Fall ist das Bedürfnis der Mutter, die Alben geschlossen zu halten. Hier braucht es Zeit und offensichtlich etwas anderes. Hier konnte eine therapeutische Begleitung den Weg ebnen, der nicht über die Erinnerung ging.

Ein weiteres Kind stirbt

Am besten wäre es, wenn wir in der Reihenfolge sterben würden, in der wir geboren wurden. Dann wüssten wir, wann wir »an der Reihe« sind, dann könnten wir uns vorbereiten. Oder zumindest sollte es so sein, dass zuerst die ältere Generation und dann die jüngeren Generationen sterben. Aber das Sterben und die Begegnung mit dem Sterben sind leider nicht planbar und folgen keiner Chronologie. Der Tod des eigenen Kindes erschreckt uns deshalb so sehr, weil die erhoffte Reihenfolge umgekehrt wird. Er kommt viel unerwarteter als der Tod der eigenen Eltern und des Partners.

Manchmal passiert es auch, dass in Familien mehrere Kinder sterben. Oder ein Elternteil hat bereits in seiner Kindheit ein Geschwister verloren.

Eine Mutter in der Trauerbegleitung hatte vor vielen Jahren ihr erstes Baby, eine Tochter, durch einen Darmverschluss und seine Folgen verloren. Sie war damals etwa zwanzig Jahre alt. »Du kannst ja noch Kinder bekommen!« ist nur ein Kommentar, den sie sich in dieser Zeit anhören musste. Zuerst wollte sie keine Kinder mehr bekommen. Zu schmerzlich war die Erinnerung, zu groß die Sorge, dass es nochmal passieren konnte. Trotzdem bekam sie in relativ kurzen Abständen noch drei weitere Kinder. Das zweite Kind, ebenfalls eine Tochter, bekam als zweiten Namen den ihrer verstorbenen Schwester. Sie zogen mit der Familie vom Osten Deutschlands in den Westen um. Den Grabstein nahmen sie mit, er fand einen Platz in ihrem Garten im neuen Zuhause. So hatte die Erstgeborene auch hier ihren Platz und war durch diesen Stein sichtbar präsent.

Als die zweite Tochter 19 Jahre alt wurde, erkrankte sie an Brustkrebs. Sie wurde operiert und erholte sich. Aber nach zwei Jahren war der Krebs wieder da. Nach weiteren Operationen und einem langen Kampf gegen den Krebs starb sie im Alter von nur 23 Jahren. Gleichzeitig bereitete sich die Mutter – in dieser Zeit des Abschiednehmens – mit der dritten Tochter auf deren Hochzeit vor. Beides ging Hand in Hand. Während sich am Krankenbett in der Wohnung jemand anderes um das kranke Mädchen kümmerte, fuhr die Mutter mit der gesunden Tochter auf die Hochzeitsmesse, bastelte an den Einladungskarten mit, kaufte sich ein Kleid und freute sich auf die Hochzeit. Beides existierte nebeneinander und durfte nebeneinander sein.

Die erkrankte Tochter wurde im Hochzeitskleid der Mutter beerdigt. Das war ihr Wunsch, denn die junge Frau wusste, dass sie selbst nie würde heiraten können, und sie wollte so gern einmal ein Hochzeitskleid tragen. Die Hochzeit der Schwester erlebte sie nicht mehr. Nach dem Tod der Tochter begab sich die Mutter auf einen Pilgerweg und begann danach eine neue Ausbildung.

Die Mutter, von der im Folgenden berichtet wird, war im Jahr 2011 zum ersten Mal schwanger, mit zweieiigen Zwillingen. In der 22. Schwangerschaftswoche stellt die Ärztin fest, dass der Muttermund bereits verkürzt und kurz darauf geöffnet war. Die Frau ging ins Krankenhaus und brachte in der 25. Schwangerschaftswoche zwei Söhne mit 750 und 820 Gramm Geburtsgewicht zur Welt. Auf den größeren Zwilling hatte sich ein Infekt der Mutter übertragen. Nach zwei Tagen hatte er massive Gehirnblutungen dritten Grades. Die Ärzte konnten ihm nicht helfen. Er starb am fünften Tag nach seiner Geburt.

Die Eltern entschieden sich zwei Jahre später, noch einmal zu versuchen, ein Kind zu bekommen. »Uns ist das Schlimmste passiert, was im Leben passieren kann«, erzählte die Mutter. »Das kann uns nicht noch mal geschehen.« Bald wurde sie wieder mit zweieiigen Zwillingen schwanger. Sehr früh in der Schwangerschaft wurde festgestellt, dass der eine Zwilling sehr klein war, später wurden ein Herzfehler (der operiert werden konnte) und »irgendetwas« mit dem Gehirn festgestellt. In der 35. Schwangerschaftswoche wurden die Kinder geholt. Der eine Junge kam mit 2450 Gramm zur Welt, sein Bruder mit 1050 Gramm. Beiden Kindern ging es »gut«. Zwei Wochen nach der Geburt entwickelte sich beim kleineren Bruder eine Darmentzündung, große Teile des Darms wurden entfernt, und er erhielt einen künstlichen Darmausgang, der später wieder zurückgelegt wurde. Die nötige Herzoperation konnte erst erfolgen, wenn er bis auf 3000 Gramm zugenommen hatte. Nach fast drei Monaten hatte er dieses Gewicht nahezu erreicht. Gleichzeitig stellten die Ärzte fest, dass durch die vorherige Erkrankung sein Herz so schwer geschädigt war, dass eine Herz-OP nicht mehr möglich war. Der Sohn starb fünf Tage später, drei Monate und drei Tage nach seiner Geburt mit einem Gewicht von exakt 3000 Gramm. »Und sofort war alles wieder da. Ich konnte nicht mehr abschalten«, sagte die Mutter.

Sterben und Tod sind nicht gleichverteilt auf die Familien dieser Erde. Die Wahrscheinlichkeit, als Eltern vom frühen Tod eines Kindes zweimal getroffen zu werden, kann die Versicherungsmathematik berechnen, aber es ist und bleibt eine Wahrscheinlichkeit. Leider kann man Trauer nicht lernen oder sich daran »gewöhnen«. Sie ist jedes Mal neu und wird individuell erfahren.

Vor 34 Jahren

»Das ist jetzt ein ganz besonderer Moment für mich«, sagte eine Mutter. »Es ist das erste Mal, dass ich von meinem tot geborenen Sohn spreche.« Ihre Stimme klingt belegt, sie stockt. Die Mutter ist sechzig Jahre alt. Es ist jetzt 34 Jahre her, dass am Ende der Schwangerschaft plötzlich keine Herztöne des Kindes mehr zu hören waren und sie kurz darauf ihren Sohn tot zur Welt brachte. Es waren damals andere Zeiten: Sie bekam ihr Kind nicht zu sehen, und ihr Mann arrangierte, dass der kleine Junge einem anderen Verstorbenen aus dem Krankenhaus in den Sarg beigelegt wurde. Es gab keine Beisetzung. Es gab für sie keinen Ort, wo Trauer um ihr Kind möglich war. Der Tod des Sohnes wurde von allen Menschen um sie herum »tot-geschwiegen«. Es war verboten, darüber zu sprechen. Das wurde ihr deutlich gesagt, und es wurde gelebt. Es war ein zweifacher Tod. Für die Mutter begann ein langer Weg und ein schwieriges Leben mit vielen Verletzungen, Hürden, Herausforderungen und Erkrankungen, bis sie beginnen konnte, zu trauern. Ganz zufällig wurde sie auf eine Selbsthilfegruppe für trauernde Eltern aufmerksam, rief an und machte sich auf den Weg. In den »Baum der Erinnerung« für verstorbene Kinder im Ort der Selbsthilfegruppe band sie ein Band mit dem Namen des Jungen. Jetzt hat er einen Ort. Seine Mutter besucht ihn dort regelmäßig und spürt die tiefe Verbindung, die sie zu ihm hat.

Diese Mutter hat begonnen zu sprechen und geht nun ihren Weg der Trauer. Ein derartiger Verlust und der Umgang damit sind Erfahrungen, die sich tief ins Gedächtnis eingraben. Da Trauer die natürliche und nötige Reaktion auf einen Verlust ist, wird sie sich auch nach vielen Jahren noch einen Weg suchen. Wenn wir meinen, dass der Verlust nach so vielen Jahren doch nicht mehr so schwer wiegen könne, irren wir. Er lastet noch immer schwer, wenn er nicht verarbeitet werden konnte.

Der Umgang mit dem Tod war in den Jahrzehnten nach dem Zweiten Weltkrieg ganz anders als heute. Die Kriegsgeneration war traumatisiert und beinahe jeder Mensch hatte Verluste zu beklagen. Es wurde nicht über die Verluste gesprochen. Auch der Umgang mit tot geborenen Kindern war anders als heute. Sie bekamen keine eigene Bestattung und es gab keine Abschiedsrituale. Von den Müttern und Vätern wurde erwartet, dass sie ihr Leben weiterlebten, als wäre nichts geschehen. Der Tod gehört zum Leben und war hinzunehmen. Der Schmerz über den Tod, der auch dazugehört, der hatte in dieser Zeit keinen Platz.

In einem weiteren Fall kam eine Mutter in die Trauerbegleitung, die vor 25 Jahren ihre Tochter im Alter von zwei Jahren durch eine Meningitis verloren hatte. Über den Tod des Mädchens wurde ebenfalls nicht gesprochen. Nach dem Tod der Tochter bekam sie rasch noch zwei weitere Kinder. Das Leben nahm seinen Lauf. Die Kinder, zwei Jungen, wurden erwachsen und gingen aus dem Haus. Sie war nun allein im Haus. Der Ehemann war noch berufstätig und tagsüber außer Haus, zudem pflegte sie ihren kranken Vater. »*Meine Kleine wäre bestimmt geblieben!*«, sagte die Mutter. Über die Traurigkeit über das leere Haus bahnte sich die nicht gelebte Trauer über die verstorbene Tochter ihren Weg.

Die Eltern, von denen ich nun berichte, hatten drei Söhne. Als der älteste Sohn gerade das Abitur gemacht hatte, nahm er sich das Leben. Das Unglück brach aus heiterem Himmel über die Familie herein, denn niemand hatte das vorhersehen können. Die Familie lebte in einem sehr kleinen Dorf. Der Vater hatte eine gehobene und angesehene Position. Niemand sprach mit den Eltern über den Tod des Sohnes und schon gar nicht über den Suizid. Vielmehr gingen die Dorfbewohner der Familie aus dem Weg. Der Suizid eines Kindes war im dörflichen Leben ein Tabuthema und führte die Familie in die innere Isolation. Es brauchte 18 Jahre, bis die Familie sich einen Rahmen suchte, in dem sie über den Sohn sprechen konnte. Jahrelang hatten sie bereits die Anzeigen des Unterstützungsangebots gelesen, bis sie es wagten, Kontakt aufzunehmen.

Totschweigen und Tabu sind zwei Aspekte, die Eltern in die innere Isolation schicken und sie von ihrer Trauerarbeit entkoppeln. Je mehr Zeit darüber vergeht, desto schwieriger wird es oft, den Faden wieder aufzunehmen und der Trauer den nötigen Raum zu geben. Es erfordert sehr viel Mut seitens der Eltern, die innerlich wahrgenommene Grenze zu überwinden und sich Unterstützung durch Gespräch und Austausch zu holen. Wie oft hören betroffene Eltern von den Mitmenschen »Das ist doch jetzt schon so lange her«, »Jetzt muss es doch mal gut sein – das Leben geht weiter!«? Diese Sätze hören sie nach sechs Wochen, nach einem Jahr, nach zwei Jahren. Aber nach 18, 24 oder 34 Jahren, was sagen die Menschen da wohl?

Wenn diese Eltern in eine Begleitung kommen, dann erleben sie es als ganz besonders großes Geschenk, ihre Geschichte erzählen zu können. Umgekehrt erfahren Trauerbegleiterinnen und Trauerbegleiter eine tiefe Dankbarkeit, weil endlich jemand zugehört hat.

Die Trauer dieser Eltern unterscheidet sich im Wesen nicht von der Trauer derjenigen Eltern, die trauern durften. Die Zeit hat jedoch nicht geheilt, sondern zusätzliche Wunden hinzugefügt: die Wunden der übergangenen Trauer. Deshalb gilt es in der Trauerbegleitung in besonderem Maße, diese Trauer anzuerkennen, ihr Raum zu geben und ihr einen Platz anzubieten, wo sie sein darf. Bewusst gestaltete Rituale, wie das Schreiben eines Briefes an das Kind oder die Gestaltung eines Ortes für das verstorbene Kind, können hier zu hilfreichen Ankerpunkten für den Trauerprozess werden.

2.4 Elterntrauer und System Familie

Das einzige Kind stirbt –
Ist es immer gut, weitere Kinder zu haben?

Es findet ein Gruppenleitertreffen der Elterntrauergruppen eines Vereins statt. Alle Gruppenleiter der dort vertretenen Gruppen haben eigene Erfahrungen als trauernde Eltern. Ein trauernder Vater hatte das Wort. Sein einziger Sohn sei bei einem Unfall, der durch Leichtsinn verursacht worden war, ums Leben gekommen. Er war 18 Jahre alt. Ob das leichter sei oder schwieriger, wenn man das einzige Kind verliere, das wisse er nicht. In diesem Kreis kamen unterschiedliche Sichtweisen hinzu. Es gab einige Eltern, die froh waren, noch andere Kinder zu haben, weil sie dadurch eine Aufgabe hatten. Ohne diese Aufgabe, die sie als Rettungsanker beschrieben, hätten sie keinen Sinn mehr in ihrem Leben gesehen.

Trauernde Eltern berichten oft, dass Freunde und Bekannte ihnen zum Tod ihres Kindes sagen: »Ihr habt ja noch andere Kinder.« Diese Worte können als sehr verletzend wahrgenommen werden, weil sie die Tatsache des Todes des verstorbenen Kindes nicht würdigen. Es ist ein ungelenker Versuch, zu trösten.

Eine Mutter berichtete: »Ich hatte oft ein schlechtes Gewissen, aber die Trauer war stärker als das Wissen, dass meine lebenden Kinder mich auch brauchen.« Zwei Jahre sei sie abgetaucht, erzählt sie. Sie tat nur das Allernötigste. Sie überließ die Kinder sich selbst. »Wäre ich allein gewesen, wäre es einfacher *gewesen*«, sagte sie. Sie lebte voll und ganz in ihrer Trauer. In ihrem Fall waren die anderen Kinder schon erwachsen oder nahezu erwachsen und ließen die Mutter trauern.

Die Mutter eines 18-jährig verstorbenen Jungen erzählte, dass sie eineinhalb Jahre unter Medikamenteneinfluss nur auf dem Sofa saß. Sie sagte allerdings, dass sie im Nachhinein froh war, keine weiteren Kinder zu haben, denn sie hätte sich nicht um sie kümmern können. Und so konnte sie wenigstens für sich ihren eigenen Weg in ihrem eigenen Tempo finden. Wenn sie jedoch weitere Kinder gehabt hätte, dann wäre es vielleicht doch anders gekommen, äußerte sie.

Weitere Kinder werden also entweder als Anker oder als Erschwernis für den Trauerweg beschrieben. Umgekehrt wird es entweder als Erleichterung oder als Bürde empfunden, keine weiteren Kinder zu haben.

In der Begleitung trauernder Eltern kann man somit nicht unbedingt davon ausgehen, dass weitere Kinder zu haben ein Glücksfall ist. Es ist abhängig von der Lebenssituation, in der sich die trauernden Eltern gerade befinden, von ihren Trauerbewältigungsstrategien und davon, wie viel Raum sie momentan für sich brauchen, um ihre eigene Trauer bewältigen zu können.

»Wie geht es deinen Eltern?« –
Geschwistertrauer unter erschwerten Bedingungen

Wenn Eltern ein Kind verlieren und dieses Kind Geschwister hat, dann trauert ein ganzes System. Das System Familie.

Die Wucht des Todes eines Kindes trifft Eltern schwer und heftig. In der unmittelbaren Zeit danach geht es schlicht um das pure Überleben. Die Erde dreht sich einfach weiter, obwohl diese Katastrophe über die Eltern hereingebrochen ist. Autos fahren, das Wetter macht, was es will, an der Supermarktkasse trifft man sich auf ein Schwätzchen, Kinder gehen zur Schule.

Die Verwandten, Bekannten und Freunde müssen informiert werden, die Trauerfeier und die Beerdigung müssen organisiert werden. Das Leben muss gelebt, der Alltag irgendwie fortgeführt werden. Der Tod, obwohl er eingetreten ist, ist noch überhaupt nicht zu be-greifen. Weder für die Eltern, die ihr Kind verloren haben, noch für die Geschwister, die ihren Bruder oder ihre Schwester verloren haben.

Unter solchen Bedingungen das Leben fortzuführen, ist eine riesige Herausforderung. Wer noch nicht in dieser Situation gewesen ist, kann sich kaum vorstellen, wie schwer jeder einzelne noch so kleine Schritt sein kann. Ein Behördenbrief ist zu schreiben. Die Ausbildungsversicherung für die Tochter, die eine Lebensversicherung einschloss, muss gekündigt und darüber informiert werden, dass die Tochter verstorben ist. In diesem Brief muss zum ersten Mal schriftlich formuliert werden: Meine Tochter ist verstorben.

Manche Eltern lassen sich in ihre Trauer fallen und blenden ihr Umfeld und ihre Familie einfach aus. Manche Eltern wollen ihre Kinder auf keinen Fall zusätzlich durch ihre Trauer belasten und funktionieren nach außen bald wieder »normal«. Manche Eltern schaffen es ganz gut, ihre eigene Trauer und die ihrer Kinder in den Blick zu nehmen. Jede familiäre Trauersituation ist sehr familienspezifisch.

Ein Ehepaar hatte zwei Kinder: eine Tochter und einen Sohn, einen Nachzügler, neun Jahre jünger als seine Schwester. Die Tochter starb mit Ende zwanzig. Die Eltern trauerten sehr um ihr Kind. Der fast erwachsene Junge ging seinen Weg. Er war zurückhaltend in seinen Äußerungen über den Verlust seiner Schwester. Er wollte nicht so gern darüber reden. Er wollte auch nicht auf den Friedhof gehen, zumindest nicht mit den Eltern. So gingen sie allein und trauerten für sich und waren auch ein wenig froh, dass es der Junge wohl ganz gut schaffte, mit dem Tod der Schwester zu leben. Eines Tages, vielleicht ein Jahr nach dem Tod der Schwester, kam der Sohn nach Hause und erzählte, er habe Freunde der Familie getroffen. Sie fragten ihn: »Und, wie geht es deinen Eltern?« Wie es ihm geht, fragten sie hingegen nicht. Der Sohn erzählte diese Begebenheit seinen Eltern. Die Eltern waren tief getroffen davon, dass diese Freunde ihren Sohn in seiner Trauer gar nicht wahrnahmen. Sie erkannten gleichzeitig, dass auch sie nicht wussten, wie es ihm ging. Für einen Moment blieb ihnen fast das Herz stehen.

Die Eltern, von denen im Folgenden berichtet wird, hatten drei Kinder, zwei Töchter und einen Sohn. Die Kinder waren im Abstand von drei und weiteren vier Jahren geboren. In einer Nacht im September, als der Sohn knapp 16 Jahre alt war, wurden die Eltern nachts aus dem Bett geklingelt. Vor der Tür standen Polizisten und jemand von der Feuerwehr. Sofort wussten die Eltern, dass etwas passiert sein musste, denn die beiden Töchter waren zu Hause, nur das mittlere Kind, der Sohn, war unterwegs mit ein paar Jugendlichen feiern. Sie erfuhren in dieser Nacht, dass ihr Sohn bei einem Unfall mit dem Motorrad gestorben war.

Die ältere Tochter (19 Jahre) war von offenem und gesprächsbereitem Wesen. Am Tag nach dem Tod ihres Bruders sagte sie zu den Eltern: »Ich habe mir überlegt, ich will nicht immer denken, dass es schade ist, dass mein Bruder tot ist, ich will denken, dass es schön ist, dass wir ihn hatten.« Dieser Satz rührt die Eltern noch heute zu Tränen. Die jüngere Schwester (12 Jahre) zog sich in ihr Zimmer zurück. Drei Jahre lang sprach sie nicht mehr. Sie machte »dicht«, zog sich zurück, mied den Kontakt mit den Eltern und der Schwester und sprach – wenn überhaupt – in einem aggressiven Ton sowohl zu Hause als auch in der Schule.

Die Eltern sprachen viel über das verstorbene Kind, standen jedoch der Situation mit ihrer jüngsten Tochter hilflos gegenüber. Die Mutter sagte: »Ich war total überfordert. Manchmal habe ich gedacht, wenn die Jüngste gestorben wäre, hätte ich weniger Probleme gehabt.« Sie holten sich nach etwa zwei Jahren Unterstützung durch einen Psychologen, die Kinder waren bei diesem Gespräch ebenfalls dabei. Es war das erste Mal, dass sie erlebten, dass die Jüngere über ihren verstorbenen Bruder sprach und mitteilte, welche Gedanken sie sich machte. Es war für die Eltern eine große Beruhigung, zu wissen, dass die jüngere Tochter sich überhaupt Gedanken machte, aber sie äußerte sich nur einmal, in genau diesem Kontext. Der Rückzug hält an.

Für trauernde Eltern ist die Unterstützung ihrer ebenfalls trauernden lebenden Kinder eine wichtige, herausfordernde und gleichzeitig sehr schwierige Aufgabe. Kinder- bzw. Geschwistertrauer hat ihre eigene Dynamik und ist unter anderem von Alter, Entwicklungsstand und der geschwisterlichen Beziehung zur verstorbenen Schwester oder zum verstorbenen Bruder abhängig. Gleichzeitig findet sie in einem System mit wechselseitigen Beziehungen statt: der Familie. Die Trauer der Eltern wirkt sich auf die Kinder aus. Die Trauer der Kinder wirkt sich auf die Eltern aus.

Ein Trauerbegleiter, der ein geschütztes Forum für trauernde Geschwister begleitet, berichtet über trauernde Geschwister:
- Sie nehmen sich wahr als Störung im Familiensystem.
- Sie fühlen sich zurückgesetzt durch die Eltern und nehmen sich als »Schattenkinder« wahr. Das verstorbene Geschwister steht im Fokus.
- Sie fühlen Schuld und Reue gegenüber ihrem Bruder oder Schwester.
- Sie fühlen sich als Außenseiter in der Clique und bei Freunden.
- Sie haben Anpassungsschwierigkeiten.
- Sie haben Angst, dass der Bruder oder die Schwester vergessen wird.
- Sie wollen ihren Eltern nicht noch mehr Sorgen bereiten.

Die Aufzählung macht nachvollziehbar, warum Kinder und Jugendliche im System Familie und im Freundeskreis vielleicht in den Rückzug gehen, in einen Rückzug, in dem sie nicht wahrgenommen werden (wollen?). Gleichzeitig vermitteln die genannten Aspekte, wie schwierig gemeinsame Eltern- und Geschwistertrauer unter solchen Bedingungen sein kann. In der Begleitung trauernder Eltern ist es hilfreich, dies im Blick zu behalten, um die Aspekte im Gespräch mit betroffenen Eltern kommunizieren zu können. Gleichwohl bleibt Trauer im System Familie schwierig und herausfordernd.

»Ich schäme mich so!«
Ein junges Ehepaar hatte zwei Kinder. Einen vierjährigen Jungen und ein noch sehr kleines Mädchen. Sie waren glücklich und hatten ein wunderschönes Zuhause. Es gab sogar einen Swimmingpool im Garten. Zur Sicherheit der Kinder hatten die Eltern um den Pool herum einen Zaun aufgebaut, der etwa 80 cm hoch war. An dem Morgen, als das Unglück geschah, war der Vater mit seinen Kindern allein draußen im Garten. Die Frau war arbeiten. Die Kleine brauchte eine neue Windel, und er ging ins Haus, um das Kind frisch zu machen. Als er nach wenigen Minuten wieder in den Garten kam, sah er zuerst die beiden Stühle am Zaun stehen. Wo war der Junge? Er entdeckte ihn sofort. Der Junge lag leblos im Pool. Sowohl seine als auch die Versuche des Rettungsdienstes konnten das Leben des Jungen nicht mehr zurückholen. Die Ehe zerbrach fast augenblicklich. Die Ehefrau zog aus und nahm das kleine Mädchen mit. Der Vater suchte sich zunächst Hilfe in einer Selbsthilfegruppe, zog sich dann aber zurück.

Eltern sind für ihre Kinder aufsichtspflichtig. Die elterliche Aufsichtspflicht ist Teil der Personensorge, die im § 1631 im BGB geregelt wird. Die Aufsichtspflicht hat zwei wesentliche Ziele: Minderjährige sollen vor Schaden bewahrt werden, die sie sich selbst oder die ihnen Dritte zufügen könnten. Dritte sollen vor Schäden geschützt werden, die ihnen das Kind zufügen könnte. Wenn ein Kind also verunglückt, sich selbst oder einem Dritten einen Schaden zufügt, müssen die Eltern oder andere Aufsichtspersonen (Großeltern, Erzieher) nachweisen, dass sie ihrer Aufsichtspflicht nachgekommen sind.

Wonach richtet sich die Aufsichtspflicht? In welchem Alter kann man Kinder wie lange allein und unbeaufsichtigt lassen? Darüber gibt es im Gesetzbuch keine konkreten Angaben. Über die Urteile der Rechtsprechung lassen sich lediglich Anhaltspunkte ermitteln. So sollten Eltern beispielsweise bei einem Vierjährigen etwa alle 15 Minuten nach dem Rechten sehen, bei einer Sechsjährigen etwa alle 30 Minuten. Eltern müssen immer selbst abwägen und entscheiden, welche Gefahren ihrem Kind drohen und welche Kontrollen situativ notwendig sind. Bei einem lebhaften und neugierigen Kind, das gern mal ausprobiert und Regeln ignoriert, wird ein anderes Kontrollintervall erwartet als bei einem ruhigen und besonnenen Kind, das die Regeln der Eltern beherzigt.

Im Alltag der Kindererziehung wird dies sicher von den meisten Eltern automatisch so gehandhabt. Eltern kennen in der Regel ihre Kinder gut und passen ihre Aufsicht daran an. In ihrer elterlichen Sorge sind sie um das Wohl ihrer Kinder bemüht. Sie wollen ihre Kinder aber auch zu selbstständigen Wesen erziehen. Kinder brauchen natürlich auch Freiräume, um die Welt alters- und entwicklungsgemäß zu entdecken. Es ist schlichtweg unmöglich, immer in der Nähe der Kinder zu sein, insbesondere wenn man mehrere Kinder hat.

Wenn ein Kind verunglückt oder stirbt, weil es im Pool ertrinkt, sich bei den Großeltern an einer Möhre verschluckt oder im jugendlichen Leichtsinn Feuerzeuggas einatmet, dann erfolgen immer polizeiliche Ermittlungen, bei denen diese Frage gestellt wird: War eine ausreichende Aufsicht gegeben? Viele Eltern, die ihre Kinder auf diese oder ähnliche Art und Weise verloren haben, stellen sich diese Frage zuallererst selbst. Warum war ich in genau diesem Moment nicht im Garten, gerade mal eben einkaufen oder im Keller?

Zur Außenwelt hin, anderen Menschen gegenüber, ist es für viele Eltern sehr schwer, von der Art dieses Todes zu berichten. Sie fühlen sich innerlich mitschuldig am Tod ihres Kindes, auch wenn die Aufsichtspflicht nach rechtlicher Prüfung erfüllt war. Es fällt ihnen sehr schwer, diesen Tod als Unglück anzusehen. Sie schämen sich zutiefst, dass ihnen dies passiert ist.

Eine junge Mutter erzählte, dass sie drei Kinder hatte. Vor knapp zwei Jahren starb ihr fast zweijähriger Sohn, als er bei den Großeltern war. Er erstickte an einem Stück Möhre, das in die Luftröhre geraten war und sofort die Atmung blockierte. Die ermittelnden Beamten fragten unmittelbar: »Konnte das Kind überhaupt schon Möhren essen?« Und: »Wo waren Sie, als das passierte?« Die Mutter, damals im achten Monat schwanger, richtete mit ihrem Mann den Garten her. Daher waren die Kinder in dieser Zeit bei den Großeltern. Niemand konnte etwas dafür. Sie gab den Großeltern keine Schuld. Und dennoch stellte sie sich viele Fragen. »Musste ich unbedingt noch ein drittes Kind bekommen? Wenn ich nicht schwanger gewesen wäre, hätten wir die Kinder nicht zu den Großeltern gebracht.« Noch heute, zwei Jahre später, sagt sie: »Zu den Großeltern kann ich meine Kinder noch nicht wieder allein geben.«

Das System Familie ist in unserer Gesellschaft unter anderem dazu da, Kindern ein sicheres und behütetes Aufwachsen zu ermöglichen. Wenn so ein Unfall passiert, dann hat diese »Konstruktion« nicht funktioniert. »Wir (die Familie, der das passiert) sind der Fehler im System«, so benennt es eine Mutter, die diese Erfahrung gemacht hat. Damit beschreibt sie die eigene Sicht auf sich selbst, die mit einer tiefen Scham verbunden ist, aber auch die Stigmatisierung, die sie durch die Gesellschaft erfährt und spürt.

In der Begleitung trauernder Eltern, die ein Kind durch einen solchen oder ähnlichen Unfall verloren haben, ist es wichtig, diese Fragen nach der Aufsichtspflicht nicht in den Fokus zu nehmen. Es ist wichtig, die Scham anzuerkennen und gemeinsam mit den Eltern zu versuchen, einen »guten«, für sie annehmbaren Blickwinkel auf das Geschehene zu entwickeln.

Wenn Eltern aus unterschiedlichen Kulturkreisen kommen
Der Umgang mit dem Sterben, dem Tod und der Trauer ist geprägt durch unser gesellschaftliches, kulturelles und religiöses Denken und Erleben. Darüber hinaus gibt es innerhalb eines Kulturkreises erhebliche Unterschiede darin, wie Menschen den Tod sehen, auf ihre Trauer blicken und sie durch Rituale gestalten. Eigentlich könnten und sollten wir in aller Freiheit jedem Menschen seine religiösen Ansichten zugestehen und den für ihn richtigen Weg gehen lassen. Wenn aber innerhalb einer Familie, in der ein Kind stirbt, diese Ansichten weit auseinanderliegen, dann kann das zu großen Problemen führen. Die folgende Geschichte einer afrikanischen Mutter, die in Deutschland lebt, erzählt davon.

Die junge Mutter hatte vier Kinder und war mit einem Mann aus ihrem Kulturkreis verheiratet. Sie war gläubige Katholikin, ihr Mann war Protestant. Mit der Heirat war sie konvertiert und hatte den evangelischen Glauben angenommen. Beide waren deutsche Staatsbürger, ihre Kinder waren alle hier geboren. Im Alter von drei Monaten erkrankte ganz plötzlich der jüngste Sohn an einem Infekt und starb innerhalb von nur einem Tag. Die Trauer der Mutter um ihr Baby war sehr tief. Es hatte keine Zeit gegeben, sich darauf vorzubereiten. Es passierte einfach.

Die Mutter nahm Kontakt mit einer Selbsthilfegruppe für trauernde Eltern auf, weil sie über ihr Kind reden musste und weil sie weder ein noch aus wusste. Zu Hause hielt sie es kaum aus. Der Ehemann und Vater der Kinder arbeitete wieder. Sie sprach nicht mit ihm, weil er ihr verboten hatte, mit den anderen drei Kindern über den verstorbenen Bruder zu sprechen. Das Kind sei tot, es hätte ja ohnehin kaum gelebt. Nach der Tradition des afrikanischen Heimatlandes wurden durch die erwachsenen Geschwister der Frau und ihres Ehemannes sämtliche Kindersachen entfernt: sein Bettchen und Zubehör, die Spielsachen und die Kleidung des verstorbenen Kindes. In diesem Zusammenhang verlangten sie auch, dass die Mutter die Kleidung, die sie trug, als der Sohn starb, verbrennen müsse, weil es Unheil bringe, dies nicht zu tun. Der Mutter blieb buchstäblich nichts, was sie in der Wohnung noch an ihr Kind erinnerte.

Die Familie zog um, weil sie es in der Wohnung nicht mehr aushielt. Es verging Zeit. Was die Frau tröstete, waren Fotos des Kindes auf ihrem Tablet. Für sie waren das die einzigen verbliebenen »Beweise«, dass ihr Junge gelebt hat. Eines Tages, erzählte sie, habe ihr Mann auf dem Tablet die Bilder entdeckt und sie unwiederbringlich gelöscht. Sie stürzte in eine tiefe Verzweiflung. Die Trauer um ihr Kind und die Bilder, die ihr noch geblieben waren, konnte nicht größer sein. Nur auf dem Handy in einer Datei hat sie noch einige Fotos gefunden und sie sofort geschützt wie ein kleines Heiligtum.

Aber die Geschichte endet hier nicht etwa. Eines Tages fragte sie in der Trauergruppe, ob man sein Kind loslassen müsse. Die trauernde Mutter hatte nämlich erleben müssen, wie sie von ihrer eigenen Familie beschimpft und unter Druck gesetzt wurde. Das Kind könne nicht gehen. Sie würde es festhalten, und so hätte seine Seele keine Chance, vor seinen Gott zu treten. Es sei ein »Evo-Child«, ein Kind des Teufels gewesen, denn es bringe seiner Familie nur Unheil. Sie dürfe nicht mehr an das Kind denken.

In der Trauergruppe sprachen sie lange und ausführlich mit der Mutter über das Loslassen und das Finden eines neuen Ortes für das verstorbene Kind und konnten sie damit etwas stärken.

In der Zwischenzeit hat die Frau den Kontakt zu ihrer gesamten Herkunftsfamilie abgebrochen. Sie ist trotz ihrer Trauer eine sehr starke und kämpferische Persönlichkeit.

In der tief berührenden Erfahrungswelt dieser Mutter zeigt sich, wie unterschiedliche Sichtweisen und Verhaltensweisen den Trauerprozess aller Beteiligten enorm erschweren können. Hier kommen zwar beide Elternteile augenscheinlich aus dem gleichen Kulturkreis, sind aber in ihrer Haltung zum Trauerweg diametral entgegengesetzt. Wie wichtig hier eine Auseinandersetzung mit den kulturellen Trauerunterschieden gewesen wäre, steht außer Frage. So bitter es klingt, womöglich hat sich der Ehemann und Vater des verstorbenen Kindes in seiner Art zu trauern auch nicht angenommen gefühlt.

In der Trauerbegleitung wäre es in einer solchen Situation wichtig, den Austausch der Eltern über diese Unterschiede zu fördern, um eine gemeinsame Lösung zu ermöglichen. Es wäre hilfreich, die Eltern darin zu unterstützen, die Art und Weise der Trauer des Partners anzunehmen und zuzulassen. Das ist im obigen Beispiel vermutlich kaum möglich. In diesem Fall kann die Trauerbegleitung die Beteiligten bei der Suche nach Kraftquellen unterstützen, die ihnen helfen, die Situation so zu tragen, wie sie ist. Das kann weitere Unterstützungsangebote oder eigene Rituale beinhalten.

Wenn die Trauer das Leben zusammenhält

Wenn ein Kind stirbt, dann ist dieser Einschnitt in das Leben sehr radikal. Viele trauernde Eltern berichten, dass in der ersten Zeit der Trauer für nichts anderes mehr Platz war in ihrem Leben. In ihren Gedanken nicht, in ihren Gefühlen nicht und auch in ihren Alltagsbeschäftigungen nicht. Gedanken, Gefühle, Leben, all das wird überlagert von der Trauer, es ist eingekreist von der Trauer, es findet statt in einem Nebel von Trauer, die Trauer geht mit auf Schritt und Tritt. Am Anfang gibt es nichts anderes als die Beschäftigung mit dem Tod des Kindes. Denn Eltern müssen etwas begreifen, verstehen und annehmen lernen, was kaum zu verstehen ist. Dabei verlieren sie manchmal auch sich selbst ein Stück. Was gerade noch sehr wichtig war für trauernde Eltern und ihr Leben, rückt jetzt an eine andere Stelle. Die beiden folgenden Geschichten erzählen davon.

Ein Elternpaar war verheiratet und hatte zwei Kinder. Das Leben funktionierte, aber in der Ehe waren die Partner nicht mehr glücklich. Sie waren von unterschiedlichem Temperament, hatten unterschiedliche Pläne im Leben und hatten sich über die Jahre auseinandergelebt. Das Ehepaar beschloss, getrennte Wege zu gehen. Zunächst lebten sie noch in der gemeinsamen Wohnung, denn der Alltag funktionierte gut, und sie hatten keine Eile. Beide waren berufstätig, und die beiden Teenager waren sehr selbstständig. An einem Januartag brach dann das Unglück über sie herein. Die ältere Tochter nahm sich in der elterlichen Wohnung das Leben.

Eineinhalb Jahre lang blieb die Mutter zu Hause, arbeitete nicht mehr, ging kaum aus dem Haus, hatte wenig Kraft, um sich um die andere Tochter zu kümmern und sie zu stützen, und hatte keine Pläne mehr für ihr eigenes Leben. Den Raum hatten der Schmerz, die Trauer, die Frage nach dem Warum und vor allem die Wut eingenommen. Es war eine Zeit wie im Vakuum. Der Ehemann übernahm weiter die Rolle des Ernährers und Kümmerers, soweit es für ihn möglich war. Er schaffte das ganz gut und konnte so wenigstens ein Stück Alltag für die Familie und vor allem für die Tochter aufrechterhalten.

Das Thema Trennung war in dieser Zeit nicht mehr vorhanden, denn etwas anderes war für alle Beteiligten viel wichtiger: Sie mussten überleben. Jemand musste einkaufen gehen. Jemand musste sich um die Schulangelegenheiten der Tochter kümmern. Jemand musste etwas tun. Nach eineinhalb Jahren musste die Mutter wieder arbeiten gehen, weil die Krankenkasse ihre Zahlungen einstellte. Dieser Tatbestand bewirkte, dass die Mutter über die Verpflichtung, zu arbeiten, auch wieder in ihr Leben zurückfand, weil sie zurückfinden musste. Langsam aber sicher. Es dauerte fünf Jahre, bis sich das Leben der Familie so stabilisiert hatte, dass die Eltern die Trennung auch räumlich vollzogen.

Eine weitere Geschichte. Ein Ehepaar hatte vier Kinder. Die erste Tochter wurde 1985 geboren, drei Jahre später ihr Bruder. Nach einer Fehlgeburt kamen nach weiteren fünf Jahren Zwillinge auf die Welt, ein Junge und ein Mädchen, vier Wochen zu früh, aber mit 3,1 und 3,4 Kilogramm Geburtsgewicht.

Das Zwillingsmädchen kam bereits krank auf die Welt, was die Eltern bald bemerkten. Erst mit dreieinhalb Jahren konnte das Mädchen laufen, und mit achteinhalb Jahren war sein Wortschatz auf etwa zwanzig Wörter angewachsen. In dieser Zeit bekam es seinen ersten epileptischen Anfall. Bis zu ihrem Tod erlebten die Eltern mehr als achttausend epileptische Anfälle ihrer Tochter mit. Sie war in einem Dauerkrampf, der sich mehrmals am Tag entlud. Im Laufe der folgenden Jahre verlernte das Kind alles, was es bis dahin bereits konnte: das Laufen, das Sprechen, die Motorik. Es wurde zu einem rund um die Uhr pflegebedürftigen Kind.

Alles drehte sich um die kranke Schwester, die Geschwister standen hinten an, und für sich selbst hatten die Eltern nicht mal einen Gedanken übrig. Eines der Kinder brachte seinen Wunsch nach Zuwendung und Zeit mit den Eltern so zum Ausdruck: »Wann gehst du denn mit mir mal vier Wochen ins Krankenhaus?«

Nach der Geburt des ersten Kindes kamen für die Familie die Diabeteserkrankung und mehrere Herzinfarkte des Vaters hinzu. Die Mutter erkrankte an einer spasmischen Dysphonie und Dystonie. All die Jahre konnte sie deshalb kaum sprechen und war sehr isoliert. Sie konnte nicht einmal den Notarzt rufen, als ihr Mann einen Infarkt hatte. Erst in dem Jahr, in dem die Tochter starb, bekam sie einen Hirnschrittmacher eingesetzt, der das Sprechen wieder möglich machte.

Die Tochter starb im Alter von 17 Jahren in einem Kinderhospiz an ihrer Erkrankung. Die Trauer um ihren Tod hatte eine Vorbereitungszeit von acht Jahren. Der Vater war im ersten Moment nur froh, dass es vorbei war.

In den Jahren nach dem Tod der Tochter erkrankten beide Söhne wie der Vater an Diabetes. Sie erkrankten außerdem in unterschiedlichem Ausmaß an der Krankheit der Mutter. Allein die Erstgeborene war ohne diese Erkrankungen und, wie es schien, ganz gesund.

Diese beiden Beispiele veranschaulichen, wie unterschiedlich Trauer und Leben miteinander verbunden sein können. Im ersten Beispiel verursacht die Trauer eine immense zusätzliche Last. Sie führt dazu, dass die Familie zusammenbleibt und die Belastung nicht noch durch eine Trennung erhöht. Vor diesem Hintergrund ist es von Bedeutung, dass sowohl beide Elternteile als auch die Tochter ihre eigene Unterstützung bekommen. Gleichzeitig sollte die jeweilige Trauerbegleitung auch immer das System Familie und die Ehe im Auge behalten.

Im zweiten Beispiel zeigt sich umgekehrt, dass die Lebensumstände dazu beitragen können, dass Trauer das ganze weitere Leben bestimmt. Für diese Eltern ist es schwer, der Trauer um ihre verstorbene Tochter den Raum zu geben, den beide benötigen würden, um den Verlust zu verarbeiten. Die Trauer um das von unzähligen Erkrankungen bestimmte Leben der ganzen Familie besetzt diesen Platz. Hier ist es wichtig, Raum für den Verlust der Tochter zu schaffen, etwa durch eine Einzelbegleitung oder den Besuch einer Trauergruppe.

Es zeigt sich deutlich, dass es »die Trauer« nicht isoliert gibt, sondern dass sie immer in Bezug steht zu den jeweiligen Lebensumständen der betroffenen Familien, die sehr individuell sind. Begleiten heißt mitgehen. Jede Familie geht ihren Weg, und Trauerbegleitung geht auf diesen individuellen Lebenstrauerwegen mit.

Wenn das Eis bricht – Partnerschaft auf dem Prüfstand
Wenn ein gemeinsames Kind stirbt, dann kommt nicht selten auch die Partnerschaft auf den Prüfstand. Beide Elternteile haben im Laufe des Lebens ihre eigenen Bewältigungsstrategien für schwierige Situationen oder Krisen in der Partnerschaft entwickelt. Sie sind Individuen und gehen ihren jeweils eigenen Weg. Auch in der Unterschiedlichkeit der Beziehung zu ihrem Kind zeigt sich ihre Individualität. Die Elternschaft zum Kind verbindet sie. Da Eltern in der tiefen Trauer um das gemeinsame Kind Halt brauchen, wäre es wünschenswert und stützend, wenn sie füreinander da sein könnten. In einer tiefen Krise fehlt jedoch oft die Kraft, gleichzeitig für jemand anderen da zu sein, ihn auszuhalten und ihn zu unterstützen. Eine trauernde Mutter drückte es so aus: »Wenn das Leid sehr groß ist, ist geteiltes Leid nicht halbes Leid, sondern es verdoppelt sich.«

Die Eltern, von denen hier erzählt wird, hatten drei erwachsene Kinder. Der jüngste Sohn war 24 Jahre alt, als er starb. Auf einer Veranstaltung am Nikolausabend wurde ein Cocktail aus Drogen in sein Getränk gemischt. Man fand ihn am frühen Morgen irgendwo draußen, unterkühlt, durch die Drogen vergiftet. Die Hilfe kam zu spät. Er war bereits hirntot. Nach zwei Tagen wurden die Maschinen, die Herz und Kreislauf noch aufrechterhalten hatten, abgestellt.

Der Vater des Jungen wurde krank. Er besuchte eine Reha, die ihn stabilisieren konnte. Dann verbrachte er über ein Jahr damit, alles zu recherchieren, um zu dokumentieren, was dazu geführt hatte, dass der Junge starb. Jemand hatte schließlich seinem Sohn den Cocktail verabreicht. Obwohl er kein Gehör bei der Justiz fand, konnte er den Tod für sich aufklären. Das ermöglichte es ihm, vorwärtszuschauen und weiterzugehen.

Die Mutter des Jungen verarbeitete ihre Trauer deutlich langsamer. Sie sagte: »Als mein Mann schon wieder mit dem Auto auf der Autobahn des Lebens unterwegs war, ging ich noch auf einem Feldweg zu Fuß.« Sie ließ es einfach laufen. Im Haushalt und im Büro schaffte sie gerade das Nötigste. Um sich selbst kümmerte sie sich nicht mehr. Sie magerte ab. Sie entzog sich der Partnerschaft. Sie ging in die innere Stille. »Mein inneres Meer fror zu.« Während es am Anfang des Trauerweges noch Gespräche über den Sohn gab, fanden diese Gespräche später nicht mehr in der Tiefe statt. Aus dem »Miteinanderleben« wurde ein »Nebeneinanderleben«. Über die gemeinsame Zukunft wurde nicht mehr gesprochen. Eines Tages sagte der Mann: »So, wie es jetzt ist, geht es nicht mehr. Ich will versuchen, wie es ohne dich geht.« Die Mutter brach ein ins eigene Eis.

Roland Kachler hat mit seiner Frau Christa Majer-Kachler (2013) zu diesem Thema ein Buch geschrieben, das »Gemeinsam trauern – gemeinsam weiter lieben« heißt. Es ist als Paarbuch für trauernde Eltern gedacht. Sie haben für dieses Buch unter anderem eine Umfrage zur Partnerschaft von trauernden Eltern durchgeführt, an der sich fast dreihundert Personen beteiligten. Kachler und Majer-Kachler legten ihr Augenmerk besonders darauf, in welcher Hinsicht zusammenbleibende Paare sich von trennenden Paaren in ihrer Trauerbewältigung als Paar unterscheiden. Obwohl statistisch nicht repräsentativ, ergaben sich Muster, die interessante Schlussfolgerungen zulassen.

Die Belastung der Partnerschaft ist nach ihren Aussagen im ersten Jahr nach dem Tod des Kindes am stärksten. Gerade in dieser Zeit sollten Eltern keine Erwartungen aneinander haben. Sie sollten vielmehr sehr umsichtig miteinander umgehen. Paare, die zusammenblieben, gaben an, dass sie durch die Belastung tiefer miteinander verbunden wurden. Auch wenn das Reden miteinander eine Herausforderung und keinesfalls einfach war. Getrennte Paare berichteten, wie schwierig das Reden, insbesondere über die Gefühle, miteinander gewesen sei. Diese Problemlage war häufig schon vorher vorhanden. Durch die Trauer um das Kind wurde sie verschärft. Den gemeinsamen Besuch von Trauergruppen, Selbsthilfegruppen oder therapeutischen Hilfsangeboten haben die Eltern durchweg als hilfreich angesehen (Kachler u. Majer-Kachler, 2013, S. 217).

Die Mutter, die »in das Eis brach«, als ihr Mann die Partnerschaft lösen wollte, sowie die Ausführungen von Kachler und Majer-Kachler zeigen, auf welch dünnem Eis trauernde Eltern sich bewegen. Zusätzlich zur Trauer um den Tod ihres Kindes wird für manche Eltern das partnerschaftliche Leben eine große Herausforderung. Die trauernde Mutter sagt heute: »Wir haben fast ein ganzes Jahr gebraucht, um wieder zueinander zu finden. Der Weg war furchtbar hart, aber es ist zu schaffen.«

Wenn es für trauernde Eltern schwierig ist, als Paar über ihre eigene und ihre gemeinsame Trauer zu reden, dann können Trauerbegleiterinnen und begleitende Menschen unterstützend wirken, indem sie die Wichtigkeit des Miteinanderredens deutlich machen und einen Raum schaffen, in dem dies möglich ist.

2.5 Noch weitere Facetten von Elterntrauer

Kämpfen oder annehmen?

Viele Eltern werden zu Kämpfern für das Leben ihres Kindes, wenn es sehr schwer erkrankt oder verletzt ist. Sie wollen nicht aufgeben und klammern sich an das letzte Fünkchen Hoffnung, das sie noch in sich verspüren. Andere Eltern können die lebensbedrohliche Situation des Kindes für sich annehmen und gehen einen anderen Weg. Im Rückblick auf den Tod des Kindes stellen sich für Eltern oft viele Fragen, zum Beispiel:

War es gut, zu kämpfen? Oder hätte ich früher loslassen sollen? Habe ich das Kind zu fest gehalten, weil ich den Abschied nicht ertragen wollte? Was habe ich dem Kind zugemutet?

War es gut, anzunehmen? Hätte ich stärker mit dem und um das Kind kämpfen sollen? Hätte das Leben noch eine Chance bekommen, wenn wir alle Maßnahmen der Medizin ergriffen hätten? Hätte das Kind das gewollt? Hätte ich das gekonnt? Was wäre wenn?

Ein kleines Mädchen kam bereits krank zu Welt. Schon im Mutterleib hatte man einen schwerwiegenden Herzfehler festgestellt und den Eltern geraten, das Kind nicht auf die Welt zu bringen. Es gab wenig Hoffnung, den Herzfehler korrigieren zu können und gleichzeitig doch eine klitzekleine Chance auf Leben. Die Eltern entschieden sich für das Leben. Es war ihr erstes Kind. Als die Kleine geboren war, strahlte es den Eltern entgegen. Ihnen war klar: Dieses Wesen wollte leben. Das Mädchen war so lebendig und voller Lebenskraft. So nahmen die Eltern den Kampf auf, allen Widerständen und Zweifeln zum Trotz. Es war ein sehr langer und schwerer Weg für die Eltern und das Kind. Zwölf der insgesamt 18 Lebensmonate konnten sie gemeinsam mit ihrem Kind zu Hause leben. Dies ist heute eine schöne Erinnerung für die Eltern. Bis zu ihrem Tod hatte das Mädchen aber auch über 15 Operationen hinter sich gebracht, die fast alle in die letzten Monate ihres Lebens fielen. Sie wurde von Geräten versorgt und am offenen Herzen operiert. Die Eltern haben ihre Tochter liebevoll durch die medizinischen Herausforderungen begleitet, denen sie sich gemeinsam mit ihrem Kind stellten. Sie gingen mit ihrem Kind bis an die Grenze der Selbstaufgabe. Bis zum Schluss gab es für sie die Hoffnung, dass die Tochter zu diesem einen Prozent gehören könnte, die es trotz dieses Herzfehlers schaffen könnte, zu überleben. Sie kämpften bis zur letzten Minute, jedoch vergebens. Als das Mädchen im Alter von eineinhalb Jahren starb, hatte auch sie bis zur letzten Sekunde gekämpft. Leider bekam sie nicht die Chance auf Leben. Die Eltern sagen heute: »Es war wichtig für uns, für sie zu kämpfen und nichts unversucht gelassen zu haben. Wir hätten sie in jedem Zustand genommen, auch mit schweren Einschränkungen. Wir sind froh, diesen Weg gegangen zu sein. So brauchen wir uns heute keine Vorwürfe zu machen, nicht alles probiert zu haben.«

Eine andere Erfahrung. »Er ist in Liebe gekommen, hat in Liebe gelebt und ist in Liebe gegangen.« Der kleine Sohn einer Mutter kam acht Wochen zu früh per Kaiserschnitt auf die Welt. Durch den Sauerstoffmangel während der Geburt wurde das Kind schwer beeinträchtigt. Bisher hatte die Familie drei gesunde Kinder und ein turbulentes Familienleben. Das wurde nun auf den Kopf gestellt. Im Laufe seines Lebens entwickelte der Junge motorische Fähigkeiten, die dem Alter eines Kindes von acht bis zehn Monaten entsprechen. Er sprach nicht. Die Nahrungsaufnahme war immer schwierig. Er blieb ein zartes, schmales Kind. Die Eltern verzichteten darauf, ihn schulmedizinisch behandeln zu lassen. Er bekam keine Medikamente, wurde nicht operiert und durchlebte jeden Infekt, den er bekam, ohne Tabletten. In mühevoller Sorge wurde er liebevoll gepflegt und begleitet. War er krank, bekam er Flüssigkeit mit Pipetten. Seine Heilung wurde durch Naturheilmethoden unterstützt. Er liebte das Baden mit Delfingesängen, das entspannte ihn immer. Nach jedem Infekt machte er einen Entwicklungssprung. Für die Mutter war die Pflege ihres kranken Kindes eine Anstrengung, die an die Grenzen der körperlichen Leistungsfähigkeit ging, aber das stand nicht zur Debatte. Alle Menschen um den Sohn herum erlebten, dass der Raum immer voller Licht war, wenn er da war, erzählte die Mutter. Seine tiefen schwarzen Augen verzauberten jeden, der ihm begegnete. »Er hat gern gelebt«, erzählte die beste Freundin der Familie. Als der Sohn etwa 16 Jahre alt war, hatte die Mutter zum ersten Mal den Eindruck, dass er nicht mehr leben wollte. Er wirkte unzufrieden, zeigte autoaggressives Verhalten und wollte nicht mehr essen. Als er zwei Jahre später nach einer Kurzzeitpflege mit einem Infekt nach Hause kam, war etwas anders als sonst. Er aß und trank gut, was sonst nicht der Fall war, und hatte einen ganz besonderen Glanz in seinen Augen. Wie immer, wenn der Sohn krank war, wurde der Familienrat einberufen, um gemeinsam zu beratschlagen, was zu tun sei. Die Mutter sagte zu ihren Kindern und zu ihrem Mann: »Wir müssen uns darauf einstellen, dass er diesmal geht.« Die Familie verabschiedete sich von ihrem Bruder und Sohn, und er starb kurz danach. Die Kirchenglocken läuteten und ein Schwarm Vögel erhob sich aus dem Baum vor dem Fenster. »Ich empfinde seinen Aufbruch in eine größere Freiheit und Unversehrtheit als natürlich und richtig zu diesem Zeitpunkt. Seine einzigartige Wärme wird uns stets begleiten.«

Diese beiden Beispiele zeigen die Bandbreite, innerhalb der sich trauernde Eltern bewegen, wenn sie den Tod des eigenen Kindes annehmen (müssen). Auch wenn sich diese beiden Elternpaare entgegengesetzt verhalten haben, vereint sie doch eines: die positive Sichtweise auf den Abschiedsprozess. Die Kämpfenden und die Annehmenden haben es letztendlich gut geschafft, den Tod ihrer Tochter und ihres Sohnes auf ihre Art und Weise anzunehmen.

Wenn trauernde Eltern sich stark damit beschäftigen, ob der gewählte Weg zwischen Kämpfen und Loslassen der richtige war, sind Begleitende gefordert, sie auf der Suche nach Antworten zu unterstützen, indem sie diese Unsicherheiten mit ihnen aushalten, sie mit bedenken und sich mit ihnen auf die Suche nach den für sie passenden Antworten begeben.

Der blaue Kittel oder: »Wo bleibe ich?«
Sich um die eigene Trauer zu kümmern, ist manchmal gar nicht so einfach. Auch wenn die Partnerschaft zwischen den Eltern gut ist, stehen sie plötzlich vor der großen Herausforderung, ihre

Kinder zu unterstützen, damit sie den Tod in ihr Leben integrieren können, das System Familie funktionierend zu erhalten, weiterhin Partnerschaft zu leben und darüber hinaus auch sich selbst nicht zu vergessen. Sie erleben jedoch, dass der Trauer eine eigene und sehr lebendige Dynamik innewohnt, die sich wenig planbar präsentiert. Wie können trauernde Eltern das schaffen? Es ist eine Gratwanderung. Im besten Fall gehen Eltern und Geschwister miteinander und halten sich an der Hand. So können sie sich stützen und auffangen, falls einer stolpert.

Die Mutter einer erwachsenen Tochter war eine »sich Kümmernde«. Sie war immer diejenige, die alle Angelegenheiten der Familie regelte, die die gute Seele war, wenn ihre Tochter mit Sorgen zu ihr kam, und die immer verlässlich wie ein Räderwerk funktionierte. Als die Tochter Kinder bekam, ging sie in ihrer Großmutterrolle auf. Die Enkelinnen waren gerade erst sechs und acht Jahre alt, da starb die Tochter an einem plötzlichen Herzstillstand. Eine der Enkelinnen fand die Mutter und versuchte verzweifelt, sie ins Leben zurückzuholen, schaffte es aber nicht.

Die Mutter der jungen Frau war in dieser Situation wieder die »sich Kümmernde«. Sie regelte alle Angelegenheiten der Bestattung. Dann kümmerte sie sich um die Enkelkinder. Die eine Enkelin fragte viel und wollte von ihrer Großmutter Antworten. Die andere Enkelin war ein ruhiges und introvertiertes Kind, das sich sehr zurückzog, nicht mehr sprach und somit großen Anlass zur Sorge bereitete. Der Vater der Enkelkinder, der Ehemann der verstorbenen Tochter, zog sich in die Arbeitswelt zurück. Ihr eigener Ehemann, der Vater der verstorbenen Tochter, schwieg, denn er wollte über das Unglück und den Tod seiner Tochter nicht reden. Die ganze Familie war traumatisiert und die Mutter der verstorbenen Tochter kümmerte sich und kümmerte sich.

In einer Selbsthilfegruppe fand sie schließlich ein Forum, wo sie endlich ihrer eigenen Trauer nachgehen und über ihre verstorbene Tochter sprechen konnte. Das tat ihr gut. Nach und nach stabilisierte sich das System Familie. Die Enkelin, die nach dem Tod ihrer Mutter nicht mehr sprach, ging in psychologische Behandlung und kam auf einen guten Weg. Der Vater der Kinder fand ebenfalls Hilfe für sich. Im gleichen Maße, wie alle nach und nach versorgt waren, versagten der Mutter die Kräfte. Sie begab sich in ärztliche Behandlung und nahm Psychopharmaka, um der inneren Belastung standhalten zu können. Dann blieb sie den Gruppenstunden fern. Zuerst vereinzelt, weil sie sich nicht gut fühlte und schwere depressive Gedanken hatte, wie sie der Gruppe mitteilte. Irgendwann kam sie nicht mehr und reagierte auch nicht mehr auf Nachfragen. Wie es ihr heute geht, wissen die Gruppenleiter nicht.

Das zweite Beispiel erzählt von einer Mutter, die verheiratet war und zwei Kinder hatte, eine Tochter und einen Sohn. Sie war von Beruf Krankenschwester und arbeitete auf einer Intensivstation. Im Alter von 19 Jahren erkrankte die Tochter an einer äußerst aggressiven Form der Leukämie. Als »Fachfrau« kannte die Mutter sich sehr gut mit dem Krankheitsbild und den möglichen Behandlungen aus, die auf ihre Tochter zukamen. Die Tochter wurde in dem Krankenhaus therapiert, in dem sie auch arbeitete. So war sie überall ganz dicht dabei: Blutungen, Chemos, Knochenmarkstransplantation über den Bruder, Rezidiv, erneute Transplantation, erneutes Rezidiv. Zum Ende des Lebens hin holten sie die Tochter für eine Zeit lang nochmal nach Hause. Sie starb nach fast drei Jahren seit Beginn ihrer Erkrankung im Krankenhaus. Dort konnte sie aufgrund der Schmerzen bis zum Schluss gut versorgt werden.

Heute, nach elf Jahren, will die Mutter nicht mehr arbeiten. Zuerst hatte sie Schmerzen in den Füßen. Für sie unerklärlich, aber möglicherweise ein Zeichen, dass hier ein Weg zu Ende war. Als es den Füßen wieder besser ging, bekam sie keine Luft mehr unter dem Mundschutz, der ihr täglicher Begleiter auf der Intensivstation war. Auch konnte sie die kranken Menschen dort nicht mehr sehen, nicht mehr riechen, sie hatte keine Geduld mehr, es war ihr alles zuwider.

Alles hatte sie am Laufen gehalten. Jetzt holt sich die Trauer, was sie braucht. All die Jahre drehte sich immer alles um die letzten Tage ihrer Tochter. Jeden Tag fuhr sie den gleichen Weg zur Arbeit, den sie immer mit ihr zum Krankenhaus gefahren war. Jeden Tag ging sie die Flure entlang, die sie mit ihr entlang gegangen war. Jeden Tag blickte sie in die Zimmer, wo all die Untersuchungen und Behandlungen von ihr stattgefunden hatten. Sie arbeitete ja dort. Jetzt ist das Maß voll.

»Ich hatte immer meinen blauen Kittel an«, sagt die Mutter. »Auch als ich meine Tochter begleitet habe. In der Klinik hat mich der Kittel beschützt, er machte mich zur Intensivschwester. Erst wenn ich ihn auszog, war ich wieder ich.« Als sie ihre Tochter begleitete, hat sie diesen »Kittel« nie ausgezogen. Die Mutterrolle blieb in dieser Zeit außen vor. Nur so konnte sie die Begleitung schaffen. Jetzt kommt die Mutter mit aller Macht zum Vorschein. Und die Mutter hat eben keinen Kittel an, und sie will ihn auch nicht mehr anziehen.

»Pass gut auf dich auf!« und »Du musst auch mal was für dich tun!« sind Ratschläge, die trauernde Eltern oft hören. Eltern leben in vielen Rollen, denen sie gerecht werden möchten. Die Ich-sein-Rolle gehört auch dazu. Trauernde Eltern sind und bleiben immer die Menschen, die sie sind, ganz besonders und vielleicht sogar noch verstärkt in der herausfordernden Situation, wenn ein Kind lebensbedrohlich erkrankt ist oder nach dem Tod ihres Kindes. Es sind Grenzerfahrungen, in denen es gilt, Balance zu halten zwischen dem, was sie brauchen würden, und dem was ihr Kind im Abschied oder das Familiensystem in der Trauer braucht. Die beiden obigen Beispiele beschreiben das. Würden sie sich nur um sich selbst kümmern, würden sie die Familie vernachlässigen. Kümmern sie sich nur um die Familie, vernachlässigen sie sich aber selbst. Trauernde Eltern sind Teil eines Beziehungsnetzes gegenseitiger Verbindungen, eines Mobiles im Ungleichgewicht, das die neue Stabilität erst finden muss. Wann und wie also ist das »Sich-Kümmern« mit dem »Sich-um-sich-selbst-Kümmern« im Lot?

Das lässt sich an den vorherigen Beispielen zeigen. Vielleicht lebt »die Kümmernde« den Rückzug, weil die Kraft zu Ende ist. Vielleicht hat die beginnende Depression dazu geführt, dass sie für sich über die Selbsthilfegruppe hinaus weitergehende Hilfe gesucht hat und an anderer Stelle auf einem guten Weg ist. Möglicherweise hängt der »blaue Kittel« der Krankenschwester-Mutter bereits am Haken. Womöglich hat sie einen guten Ausgleich in ihrer Freizeitgestaltung für sich selbst gefunden.

In der Begleitung trauernder Eltern, die deutlich spüren, dass sie sich um sich selbst zu wenig gesorgt haben, gilt es, die Suche nach einem neuen Gleichgewicht und einer inneren Balance zu unterstützen. Dabei ist es hilfreich, die eigenen Kraftquellen und Ressourcen der Trauernden besonders in den Blick zu nehmen, damit das Kümmern ein Gegengewicht erhält. Das können zum Beispiel neu zu entdeckende oder wieder zu findende Hobbys, Aufgaben oder Freizeitgestaltungen sein. Dabei ist es sinnvoll, auch die Rolle der »Kümmernden« zu überdenken und sich dafür vielleicht weitergehende Unterstützung zu suchen.

»Ich will auch nicht mehr leben«

Viele trauernde Eltern kennen das: Wenn das eigene Kind gestorben ist, fühlen sie sich so verlassen, dass sie dem Kind gern »nachsterben« möchten, wie es in Fachkreisen genannt wird. Wenn sie ebenfalls tot wären, dann wären sie wenigstens wieder mit ihrem Kind zusammen. Dabei ist der Wunsch des »Nachsterbens« selten so konkret, dass er eine suizidale Ausprägung zeigt. Manchmal ist es aber doch so, dass Eltern konkret überlegen, sich das Leben zu nehmen.

Nach dem Tod ihres Sohnes wollte die Mutter, von der im Folgenden berichtet wird, nicht mehr leben. Er war ihr einziges Kind. Sein Tod war eine existenzielle Bedrohung für sie. Sie hatte nur für das Kind gelebt, hatte ihn versorgt, ihn unterstützt, war immer da gewesen. Er war 18 Jahre alt, als er auf einem Dach herumkletterte, mit dem Schuh in der Dachrinne hängenblieb und auf den Bürgersteig hinunterstürzte. Er kam noch lebend ins Krankenhaus, starb aber dort an den Verletzungen, die er sich zugezogen hatte.

Zwei Jahre vorher war sie an Schilddrüsenkrebs erkrankt. Schon das war eine große Herausforderung. Als ihr Sohn dann starb, fuhr ihr inneres System von hundert auf null herunter – sofort –, sagte sie. Am Tag nach seinem Tod und nach einem Gespräch mit einer befreundeten Psychologin unternahm sie einen Suizidversuch. Sie stürzte sich in deren Haus eine sehr steile Steintreppe hinunter, ein Sturz, so kalkulierte sie, den man nicht überleben könne. Sie brach sich nur zwei Zehen und wurde vor die Wahl gestellt: Einweisung in die Psychiatrie oder Psychopharmaka schlucken. Sie entschied sich für die Psychopharmaka. Von dem Medikament, das sie verschrieben bekam, wird man bereits nach drei Wochen abhängig. Die Mutter nahm die Tabletten hoch dosiert zwei Jahre lang. Diese Medikamente haben sie ausgeknockt, seelisch und körperlich, sagte sie. Weder hat sie in dieser Zeit regelmäßig geduscht, noch gegessen, noch eingekauft, noch Dinge erledigt, noch an irgendetwas im Leben teilgenommen.

Nach zwei Jahren begann sie auf eigenen Wunsch und nach deutlichem, aber liebevollen Druck ihrer Freunde, die Dosierung zu reduzieren. Bereits nach 16 Wochen war sie medikamentenfrei, ohne Entzug. Nun war sie nicht mehr medikamentenabhängig, und Schmerz und Trauer kamen mit Macht zurück. Sie war nun nicht mehr akut suizidgefährdet, aber sie verspürte noch immer eine große Todessehnsucht. Ihr Weg der Trauerverarbeitung war noch lang.

Eine andere Mutter erzählte ebenfalls sehr nachdrücklich, dass sie sterben wollte: »Der Tod war der einzige Freund! Wenn ich mein Kind nicht mehr habe, habe ich keinen Grund mehr zu leben. Ich lebe für mein Kind, wofür sonst?«

Ihr Sohn kam im Alter von 24 Jahren ums Leben. Er saß als Beifahrer in einem Testfahrzeug, als dieses mit Sommerreifen bestückt auf der Autobahn in eine starke Schneewehe kam und unter einen Lkw geriet. Der Fahrer des Wagens war ebenfalls auf der Stelle tot, während sein Freund auf dem Rücksitz überlebte.

Als ihr die Todesnachricht überbracht wurde, erzählte sie, spürte sie, wie etwas aus ihr herausgenommen wurde, wie es aus ihrem Körper ging, und dieses Etwas ist nicht wieder zurückgekehrt bis heute. Es war das Vermissen und der Schmerz, der nicht auszuhalten war und der sie wünschen ließ, ebenfalls zu sterben.

Später träumte sie von ihrem Sohn, der zu ihr sagte: »Wenn du den Wunsch hast, zu sterben, dann tu das. Aber es ist noch nicht deine Zeit. Und denk an meinen Bruder.« Mit dieser Erlaubnis überlegte sie es sich anders. Sie blieb für ihren anderen Sohn am Leben.

Wie diese Beispiele zeigen, kann die Trauer um ein verstorbenes Kind so belastend sein, dass der Wunsch zu sterben auftritt. Diese Gedanken können so explizit werden, dass Suizidgefahr besteht. Bei der Äußerung konkreter Suizidgedanken sind Trauerbegleiter verpflichtet, verantwortungsbewusst zu handeln und die trauernden Eltern umgehend in psychotherapeutische Begleitung zu bringen. Ehrenamtliche Trauerbegleiterinnen und Trauerbegleiter können hier nicht allein Hilfe leisten.

Kann der Tod eines Kindes einen Sinn ergeben?

»Es hat alles einen Sinn.« Diesen Ausspruch hört man nicht selten im Alltag des Lebens. Doch der Tod eines Kindes ist eine solche Erschütterung für das Leben einer Familie, dass allein schon die Frage nach einem Sinn für trauernde Eltern wie eine Ungeheuerlichkeit erscheint. Betrachtet man sein Leben rückwärts, so stellt man fest, dass so manches, was passiert ist, doch einen Sinn hatte, dass sich dieser Sinn aber oft erst nach langer Zeit zu erkennen gibt. Hätte zum Beispiel mein Chef mir damals nicht gekündigt, was ich als große Niederlage und Kränkung empfunden habe, hätte ich diese neue Arbeitsstelle, an der ich mich so wohlfühle, nie gefunden. Im Kontext des Lebensbogens hat mich diese schwierige Situation also zu einem persönlichen Wachstum und einer positiven Veränderung für mein Leben geführt. Es hatte einen Sinn, denn heute geht es mir besser. Kann das dann auch gelten, wenn ein Kind stirbt? Was für einen Sinn kann es haben, dass Kinder sterben?

»Was soll das für einen Sinn machen, dass ich zwei Kinder verliere?«, fragte eine Mutter in der Trauergruppe. »Was für einen Sinn kann es überhaupt machen, dass Kinder sterben? Mein ältester Sohn vermisst seinen Zwilling so unglaublich. Er ist so traurig. Nein. Das *kann* keinen Sinn machen!«

Statt: »Warum ist das passiert?«, fragte ein trauernder Vater: »Wozu ist das passiert? Wohin hat mich der Tod meiner Tochter geführt, wohin wäre ich ohne dieses Ereignis nicht gekommen?« Heute ist er Notfallseelsorger und Leiter einer Selbsthilfegruppe für trauernde Eltern. Er will das, was er an guter Unterstützung selbst erfahren hat, weitergeben. Und das tut er sehr einfühlsam und stützend für die Eltern, die in seine Gruppe kommen.

Ein Elternpaar, deren Tochter im Alter von zwanzig Jahren bei einem Unfall ums Leben kam, kümmerte sich seit dieser Zeit an einem Tag in der Woche um ein Mädchen aus einer Familie in Not. Das tat uns so gut, sagten sie, und dem jungen Mädchen auch. Aus dem Kind ist eine junge Erwachsene geworden, und der Kontakt zur Familie ist bis heute erhalten geblieben.

Eine andere Mutter sinnierte darüber, was sie heute anders macht, seit vor sechs Jahren ihr Sohn starb. »Ich kann offener auf Menschen in Not zugehen. Ich kann wichtig von unwichtig trennen. Ich bin mit mir und anderen Menschen viel achtsamer und umsichtiger geworden. Ich kann tatsächlich besser Nein sagen. Ich lebe im Hier und Jetzt. Ich kann das Leben und das Sterben jetzt für mich einordnen. Mein Selbst geht an den Ort zurück, von wo es hergekommen ist. Dorthin ist mein Kind bereits zurückgekehrt. Es wird ein Wiedersehen geben. Damit kann ich persönlich den Tod an sich und den Tod meines Sohnes viel besser annehmen.«

»Es hat alles einen Sinn«, könnte man auch auf das Kind selbst beziehen. Welchen Sinn könnte es für das Kind gehabt haben, zu sterben? Bei einer Erkrankung kann man die Gründe darin finden, dass es dem Kind nun besser geht. Es bleibt die Frage, warum es krank geworden ist. Bei einem Unfall oder bei einer Totgeburt ist das schwieriger. Wer weiß, was in diesem Leben auf das Kind (noch) zugekommen wäre? Ja, aber wer weiß es? Eine Mutter berichtete, dass es für sie tröstlich war, dass nach dem Unfalltod ihres Sohnes seine Organe anderen Menschen vermutlich das Leben retten konnten.

Sehr schnell kommt man in der Diskussion mit trauernden Eltern hier auf eine philosophische oder spirituelle Ebene. Was ist der Sinn des Lebens? Was ist Leben? Mit der Frage nach dem Sinn sind Eltern beim »Annehmen« und »Einordnen« des

Geschehenen an ihrem eigenen Lebenskonzept angekommen. Welchen Platz bekommt der Tod ihres Kindes in ihrer Lebensordnung? Dies ist bei der Bewältigung der Traueraufgaben der Anteil, der augenscheinlich am Schwierigsten scheint und am Ende des Trauerprozesses steht; zumindest dann, wenn die trauernden Eltern ein Sinnkonzept für sich definieren möchten.

In der Begleitung trauernder Eltern ist dies eine Suchbegleitung, die vielfältige Sichtweisen und Antworten zulassen muss. Jede Erklärung, die für trauernde Eltern sinnvoll und nachvollziehbar erscheint und die vor allem hilfreich ist, sollte und muss bei diesem Prozess bedingungslose Anerkennung und Annahme erfahren.

Zeichen des Kindes jenseits des Erklärbaren – Gibt es das?

Trauernde Eltern glauben oft, sie seien verrückt. Und das sind sie auch. Sie sind ver-rückt. Sie sind nicht mehr an ihrem Platz; nichts ist mehr an seinem Platz. Insbesondere zu Beginn ihres Trauerweges und insbesondere auch dann, wenn sie einen Trauerweg in ihrem Leben bisher noch nicht gegangen sind, begegnen Eltern oftmals Dinge, die diese Vermutung zu bestätigen scheinen.

Sie erzählen von Schmetterlingen, die sich in das Zimmer des verstorbenen Kindes »verirrt« haben müssen, oder von der Katze, die sich manchmal einfach vor die offene Zimmertüre des Sohnes legt und hineinschaut, als wäre er da, wie früher, als er noch lebte und die Katze wusste, dass er da ist. Sie nehmen plötzlich ganz intensiv den Geruch des verstorbenen Kindes wahr, sie erleben, dass plötzlich das Licht Signale zu geben scheint, während sie über das Kind sprechen. Sie erzählen, dass eine Spieluhr zu spielen beginnt, die schon lange defekt war, eben als sie ganz traurig gewesen sind und die Tochter gerade so vermissten. Sie sprechen davon, dass sie manchmal das Gefühl haben, der Sohn sei da, weil die rechte Schulter plötzlich warm werde, so als läge der Sohn seine Hand darauf, oder sie denken an die

Tochter und spüren plötzlich einen Luftzug neben sich, so als wäre jemand im Raum.

Sie fühlen sich durch diese Erlebnisse darin bestätigt, dass sie ganz offensichtlich auch tatsächlich verrückt seien. Gleichzeitig fühlen sie sich von diesen Erlebnissen angezogen und würden sie vielleicht gern glauben.

Es fällt Eltern oft sehr schwer, darüber zu reden. »Kann das wirklich ein Zeichen meines Kindes sein? Das glaubt mir sowieso keiner, jetzt drehen sie durch, werden die Leute denken, wenn ich es erzähle.«

Werden sie in ihrer Wahrnehmung bestätigt und in der Auffassung unterstützt, dass das vielleicht doch möglich sei, erlebt man oft eine große Erleichterung. Beginnt in einer Trauergruppe von Eltern ein Elternteil von seinen Zeichen zu erzählen, dann erleben Trauerbegleiter oft, dass plötzlich die anderen Eltern auch beginnen, von ihren (über-)sinnlichen Erfahrungen des Unerklärbaren zu berichten. In so einer Situation des Erzählens dieser sinnlichen Erfahrungen entspannen sich die Eltern oft deutlich, weil sie sich mit ihrem Kind in diesem Moment verbunden fühlen. Es ist nicht wichtig, ob es in diesem Moment erklärbar ist oder nicht. In diesem Moment fühlt es sich gut an, und die Eltern fühlen sich ein wenig getröstet.

Natürlich gibt es auch Eltern, die diese Erfahrungen nicht machen und auch nicht machen möchten. Und es gibt Eltern, die diese Erfahrungen nicht machen, sie sich aber sehr wünschen. Es ist eine Frage des Respekts und der Wertschätzung, jede dieser Haltungen und Erfahrungen anzuerkennen, so wie sie sind.

Manchmal besuchen Eltern auch medial begabte Menschen, die die Fähigkeit haben, mit Verstorbenen Kontakt aufzunehmen. Sie möchten so in Kontakt mit ihrem Kind kommen. Solche Wege bedeuten auch für Trauerbegleiter und Trauerbegleiterinnen möglicherweise einen bislang unbekannten Zugang im Trauerprozess.

Eine junge Mutter, die ihren zweijährigen Sohn durch einen Unfall verloren hatte, besuchte so ein Medium. Neben vielen berührenden Dingen, die das Medium als Übermittlerin zwischen Mutter und Sohn kommunizierte, konnte es Beweise erbringen, die für die Mutter zweifelsfrei belegen konnten, dass dieser Kontakt »wirklich« war. Das Medium erzählte von einem Malbuch, das ihre sechsjährige Tochter zu Hause habe. Auf dem Deckblatt des Malbuchs sei ein Hund, den ihre Tochter »Sophie« getauft habe. Im dem Malbuch befinde sich ein einzelnes lila ausgemaltes Bild. Die Mutter erinnerte sich nicht an dieses Buch, denn die Tochter hatte sehr viele Malbücher. Zu Hause fragte sie ihre Tochter, ob sie ein Malbuch mit einem Hund darauf habe und die Tochter holte tatsächlich ein kleines Büchlein aus dem Zimmer. Auf dem Deckel war ein Hund zu sehen. »Wie heißt denn der Hund?«, fragte die Mutter. »Sophie«, sagte die Tochter. In dem Buch war nur ein einziges Hundebild ausgemalt. Und es war lila ausgemalt. Die Mutter wusste nichts von diesem Buch, wie konnte das Medium es also wissen?

Eltern, die ein seriöses Medium besucht haben, berichten vielfach von einer sehr heilenden Erfahrung. Eltern, die in Liebe mit ihrem Kind verbunden sind, wollen oft nur wissen, ob es ihrem Kind gut geht, was nicht selten bestätigt wird. Oft erfahren sie auch, dass das Kind auf sie wartet und dass es ein Wiedersehen geben wird.[3]

Ist ein Medium nicht seriös und nicht gut qualifiziert, dann kann das Gespräch mit ihm auch Schaden anrichten, verunsichern und ein Weltbild ins Wanken bringen. Also ist für die

---

3 Für Interessierte: »Von Libellen und Schmetterlingen und dem Tanz auf dem Regenbogen« (2014) von Bettina-Suvi Rode ist ein Buch von einem Medium, das viele Kontakte zwischen Eltern und Kindern hergestellt hat und darüber in vielen Einzelgeschichten erzählt. Die Autorin berichtet auch darüber, wie ihre mediale Arbeit funktioniert.

Eltern Vorsicht geboten und eine gute Auswahl eines Mediums notwendig, falls sie einen Besuch in Erwägung ziehen.

Um auf die Eingangsfrage zurückzukommen: Gibt es so was? Gibt es diese Zeichen? Gibt es diese Begegnungen? Könnten sie real sein? Wir können nicht wissenschaftlich gültig beweisen, dass so etwas möglich ist, aber wir können auch nicht beweisen, dass es nicht möglich ist.

Für Elterntrauerbegleiter und -trauerbegleiterinnen scheint wichtig, das Augenmerk vor allem darauf zu legen, ob ein solcher Besuch eine tröstende und heilende Wirkung hat. Das gibt es durchaus im richtigen Kontext. Und so darf es einfach so sein, wie es ist.

2.6 Gelungene Elterntrauer

Die Statistiken sagen, dass etwa 80 bis 90 Prozent der Menschen ihren Trauerweg ohne ehrenamtliche oder professionelle Trauerbegleitung gehen. Familie, Freunde und Nachbarn übernehmen diese »natürliche« Unterstützungsaufgabe. Die Trauernden haben ihre Rituale, leben ihre Trauergefühle und finden in ihrem eigenen zeitlichen Rhythmus wieder in ihr Leben ohne den Verstorbenen zurück. Ihnen »gelingt« die Trauer, so könnte man sagen.

Wer kommt nun in die Trauerbegleitung? Sind es nur Eltern, denen Trauer nicht gelingt? Eltern, die feststecken an irgendeinem Punkt in ihrer Trauer? Eltern, die Herausforderungen begegnen, denen sie sich nicht gewachsen fühlen? Es kommen viele Eltern in die Trauerbegleitung, die sich schlichtweg um sich selbst und ihre Trauer sorgen und deshalb darum kümmern wollen. Sie suchen sich empathische und fachliche Wegbegleiter.

An das Ende dieses Kapitels über Facetten der Elterntrauer möchte ich hier eine Geschichte stellen, die von einer gelungenen Elterntrauer berichtet, die ein wenig Unterstützung hatte.

Sie ist traurig-schön. Traurig, weil sie von dem Verlust eines Kindes berichtet, und schön, weil das Kind einen so wunderbaren Platz im Herzen seiner Eltern gefunden hat.

Die Eltern hatten drei Kinder. Sie waren im Abstand von etwa zwei Jahren geboren. Die Mittlere war ein intelligentes Mädchen. Sie war geerdet, sozial, klar und von bejahendem Wesen. Sie war aktive und leidenschaftliche Sportlerin und hatte ein unglaubliches Talent für das Zeichnen und Malen.

Schon als Heranwachsende hatte sie immer Schmerzen in den Beinen. Oft waren die Eltern mit ihr beim Arzt, aber die Ärzte sagten, es seien Wachstumsschmerzen und das sei völlig normal. Als sie 14 Jahre alt war, gingen sie auf Anraten eines befreundeten Arztes aufgrund der sich zunehmend verschlechternden Schmerzsituation zu einem Spezialisten und bekamen eine Diagnose. Die Tochter war am Ewing-Sarkom erkrankt, einem bösartigen Knochenkrebs am Oberschenkel, der bereits Metastasen gebildet hatte.

Sie bekam Chemotherapie und einen Hüft-Bein-Gips, der das Bein vollkommen ruhig stellte. Ein halbes Jahr später folgte eine Operation, bei der der Tumor entfernt wurde und das Mädchen einen Titan-Oberschenkelknochen erhielt. Abermals bekam es Chemotherapie. Nach eineinhalb Jahren war diese erste Phase der Erkrankung abgeschlossen und geschafft. Nie wieder würde das Mädchen Sport machen können. Zur Schule fuhr es nun mit einem Elektroroller.

Nach einem Jahr erlitt es einen Rückfall. Es hatten sich Metastasen in der Lunge gebildet. Es erfolgte eine erneute Operation, das Mädchen erhielt Chemotherapie und Bestrahlung. Ein dreiviertel Jahr verging, bis es diese Herausforderung gemeistert hatte. Nach weiteren drei Monaten ein weiterer Rückfall.

Das Mädchen bekam in den Krankenzeiten zu Hause von seinen Lehrern Privatunterricht in den Hauptfächern und schaffte das

Abitur mit der Note 1,5. Zu keiner Zeit glaubten die Eltern oder die Tochter, dass sie an dieser Tumorerkrankung sterben werde. Die Hoffnung war ein starker Partner und immer an ihrer Seite.

Sie ging auf ihren Abiball. Sie sah traumhaft schön aus mit ihren dunklen kurzen Locken und dem offenen Blick. Am Tag danach rasierte sie sich die Haare ab, denn es begann eine erneute Chemotherapie. Ab September wurde das »Brückenteam« der Onkologie des behandelnden Krankenhauses eingeschaltet. Dieses Team wurde aktiv, wenn es keine heilenden Therapien mehr gab. Im November wurde die Therapie offiziell beendet.

Zu diesem Zeitpunkt hörte die Mutter auf zu arbeiten. Die Tochter, die noch ihren Studienbeginn mit Studentenwohnung und allem Drum und Dran eingeleitet hatte, bekam ihren Platz zu Hause auf dem Sofa. Dort wurde sie von da an rundum versorgt. Jeden Tag waren ihre Freundinnen da, die im Sommer noch eine Reise mit ihr unternommen hatten. Die Erinnerungen waren auf wundervollen Fotos festgehalten, mit einer vor Freude strahlenden Tochter. Ende Februar, an einem Sonntag, starb sie im Alter von 19 Jahren zu Hause im Beisein ihrer Familie. Das Ende war so, wie sie es sich immer gewünscht hatte. Bis zum Tag ihres Abschieds war sie wach und klar und ohne Schmerzen. Ihre größte Sorge, unter Schmerzen und Atemnot zu sterben, trat nicht ein.

Während der dreitägigen Totenwache war die Tochter noch im Elternhaus. Familie und Freunde nahmen sich die Zeit, die sie brauchten, um den Tod anzunehmen und sich von ihr zu verabschieden. Dann wurde sie beigesetzt.

Wie ist die Familie ihren Trauerweg gegangen? Die Mutter erzählt, es sei ein Schmerz, den man nicht beschreiben könne. Die Zeit heile keine Wunden, das sei anders, als man das immer sage. Der Vater beschreibt sich als »distanzierter«, ganz liebevoll sagt er das und schaut dabei seine Frau an. »Du hast sie unter deinem Herzen getragen. Du hast sie gestillt. Das ist eine viel engere Bindung.« Dass er sie nicht beschützen konnte, ist ein ebenso tiefer Schmerz, aber der Blickwinkel ist ein anderer. Es ist so eine Ohnmacht und so eine Fassungslosigkeit sagen sie. Und wir sind nicht mehr vollständig. An den Geburtstagen und am Todestag, wenn alle zusammenkommen, da fehlt eine. Da bleibt ein Platz leer, der nicht leer sein sollte.

Die Eltern sind ein starkes Team. »Sie war so stark«, sagen sie. »Wie sie ihren Weg gegangen ist, war und ist sie uns ein großes Vorbild. Und wir hatten Unterstützung durch Freunde und die Familie. Wir werden von der Klinik nicht vergessen. Wir werden immer noch zu Veranstaltungen eingeladen. Das macht uns stark.« Ein gutes halbes Jahr nach dem Tod der Tochter besuchen die Eltern eine Trauergruppe, die die Klinik anbietet. Es sind zehn Treffen mit einem festgelegten Themenzyklus in einem Kreis von vier Elternpaaren und einer Mutter. Auch das hilft ihnen.

Ihre größten Herausforderungen waren, die Patientenverfügung mit der Tochter zu machen und das Warten, sagen sie. Das Wissen, dass sie bald sterben wird, aber nicht zu wissen, wie und wann.

Heute ist es ihnen wichtig, über die Tochter zu reden. »Ich rede so wahnsinnig gern über sie. Und das Grab ist ein ganz wichtiger Ort.« Jedes einzelne kleine Detail des Grabes hat eine Bedeutung. In der Grabgestaltung erkennt man die Tochter und die gesamte Familie wieder.

2.7 Facettenvielfalt

Viele Facetten der Elterntrauer können aufgrund des Buchumfangs hier nicht besprochen werden, zum Beispiel:
- *Wie viele Kinder hast du?* Eltern stellen sich die Fragen: Möchte ich immer über den Tod meiner Kinder sprechen? Wenn ich das verstorbene Kind nicht mitzähle, verleumde ich es dann?

- *Hast du denn gar nichts bemerkt?* Der Suizid eines Kindes wirft nicht nur bei den Eltern viele Fragen auf. Wie können Eltern damit und mit dem Suizid umgehen?
- *Zerstrittene Familie:* Wenn Streit in der Familie der Trauer den Raum nimmt oder wenn die Trauer den Streit beilegt.
- *Das war gar nicht dein Kind!* In Patchworkfamilien, in der es biologische und soziale Elternteile gibt, kann diese Ausgangslage für zusätzliche Problematiken sorgen. Vor welchen Herausforderungen stehen die Eltern und die Familien?
- *Darf ich heute fröhlich sein?* Freude wird in der Trauer oft unterdrückt, weil sie bei uns ein schlechtes Gewissen und bei den Mitmenschen Befremden auslöst.
- *Darf ich guten Sex haben, wenn mein Kind gerade gestorben ist?* Oder möchte ich keinen Sex mehr, weil ich jetzt körperliche Begegnung nicht mehr zulassen kann?
- *Religion auf dem Prüfstand:* Mein Glaube gibt mir Trost und Halt versus Es gibt keinen Gott, denn wie kann er mir mein Kind nehmen?
- *Das leere Zimmer – Abschied gestalten in Raten:* Eltern gehen sehr unterschiedlich mit dem Abschied von den dinglichen Sachen ihrer Kinder um. Hat dies eine Funktion?

Es ließen sich viele weitere Beispiele für Themen anführen, die man als Facette in der Elterntrauer beleuchten könnte. Die Aspekte sind so vielfältig wie die Elterntrauerwege. Deshalb muss Elterntrauer in seiner Betrachtung in diesem Buch immer unvollständig bleiben. Das ist auch gut so, denn sonst würden wir den Eltern nicht gerecht werden, weil wir das jeweils Eigene nicht angemessen würdigen würden.

Gemeinsam ist jedoch allen Aspekten, dass es zu keinem eine eindeutige Aussage oder Haltung, ein Gut oder Schlecht, ein Richtig oder Falsch, ein Leicht oder Schwer, ein Heilsam oder Erschwerend gibt. Es sind durchweg Themen, die eine würdige Basis für eine Diskussion darstellen. In der Trauerbegleitung braucht es deshalb eine Einstellung, die es ermöglicht, alle Erscheinungsformen einer Facette zunächst einmal anzunehmen. »Alles hat einen GUTEN Grund« ist eine solche Haltung. Diese Haltung ermöglicht es, zu sehen, dass auch unterschiedliche Weisen bei trauernden Eltern zu »guter Trauer« führen können. Das vorherige Kapitel konnte hier hoffentlich Fenster öffnen.

3 Möglichkeiten der Begleitung trauernder Eltern

3.1 Haltung und Aufgaben in der Trauerbegleitung

»Spiritual Care« und professionelle Nähe

In der ehrenamtlichen Begleitung von Trauernden und insbesondere von trauernden Eltern stellt sich immer wieder die Frage, was Trauerbegleitung ist und wie ich, als Begleitende, ihr gerecht werden kann. Die Antworten hierauf bilden das Fundament, mit dem Trauerbegleiterinnen und Trauerbegleiter in die Begleitungssituation hineingehen können. Bereits in der Ausbildung rücken diese Fragen in den Fokus der Betrachtung und jeder ehrenamtlich oder auch professionell tätige Trauerbegleiter setzt sich mit ihnen auseinander. Diese Auseinandersetzung ist gleichsam immerwährend und nicht nur auf die Phase der Ausbildung beschränkt.

Wir sind Teil des »Spiritual Care«, der gemeinsamen Sorge aller Helfenden, die diesen trauernden Menschen, den trauernden Eltern, zur Seite stehen. »Spiritual Care« umfasst dabei sowohl die religiöse Sorge als auch Unterstützungsangebote, die keinen religiösen Bezug haben. Als Trauerbegleiterinnen sind wir Wegbegleiter, die in beiden Bereichen unterwegs sind, beide Bereiche gleichsam berühren. Im Hinblick auf die religiöse Sorge sind hier nicht etwa die vielfältigen Aufgaben gemeint, die die Institutionen verschiedener Glaubensrichtungen beim Tod eines Menschen für den Verstorbenen und die Angehörigen und Zugehörigen wahrnehmen. Religiöse Sorge im Rahmen der Trauerbegleitung berührt alle Fragen der Spiritualität und des persönlichen religiösen Standorts des Trauernden, die ihm auf seinem Weg begegnen. Es sind all die Fragen, die sich ihm beim »Einordnen« dessen, was hier passiert ist, stellen. Nicht selten wird in der Begegnung mit dem Tod der bisherige spirituelle Standort des Trauernden oder der trauernden Eltern und Geschwister sehr infrage gestellt.

Nach Boothe und Frick (2017, S. 139) geht es beim »Spiritual Care« darum, »Auge und Ohr für die Ausdrucksformen des seelischen Lebens zu öffnen und ihnen Gestaltungsspielraum […] zu geben«. Seinen Ausdruck findet dies in der Qualität der Präsenz und des Zuhörens in der Begleitung.

Darüber hinaus bieten Trauerbegleiter bzw. Menschen, die sich kümmern, ihre Unterstützung für die trauernden Eltern überall dort an, wo und wie trauernde Eltern dies benötigen. Dies gilt für alle Fragen und Herausforderungen, die sich ihnen auf dem Trauerweg stellen, etwa beim Überleben, beim Begreifen der neuen Wirklichkeit, beim Er-Leben der vielfältigen Gefühle, bei den Anpassungen des bisherigen Lebens an die veränderte Situation und beim sich neu und anders Verbinden mit dem verstorbenen Kind (siehe Kapitel 1.4).

Wir tragen ihre Sorgen mit ihnen, »we care!«, umfassend und da wo es gebraucht wird. »Spiritual Care« ist hier, in der Begleitung trauernder Eltern, als Sorge und Unterstützung gedacht in allen Bereichen, die den Trauernden als den Menschen ausmachen, der er ist. Es schließt auch ein, dass wir wahrnehmen und sehen, wo der Körper des Trauernden möglicherweise Signale aussendet, weil seine Seele gerade erkrankt ist, und ihn positiv stärken und ermuntern, sich seines Körpers und der körperlichen Anzeichen anzunehmen und sich um seinen Körper zu kümmern.

Als ehrenamtliche Trauerbegleiter und Trauerbegleiterinnen möchten wir den trauernden Eltern hilfreich zur Seite stehen.

Aber wie kann dies gelingen? Wir sind keine Therapeuten. Wie professionell müssen wir sein? Was ist das überhaupt? Wie viel Nähe und Empathie braucht es? Wie viel Distanz und Selbstschutz sind nötig? Wie kann es uns gelingen, das richtige Maß zu finden? Können wir den trauernden Eltern das geben, was sie gerade brauchen?

Ehrenamtliche Trauerbegleiter müssen sich sehr intensiv mit dieser Thematik auseinandersetzen. In der Begleitung können sie vermitteln: Ich bin da! Ähnlich wie auch im Bereich der hospizlichen Sterbebegleitung kommen sie den zu begleitenden Menschen dabei in sehr kurzer Zeit sehr nahe. Die Emotionalität der Trauer lässt eine rein sachliche Begegnung nicht zu, und sie ist von den Eltern auch nicht erwünscht. Die menschliche Nähe ist das, was die trauernden Eltern wünschen und suchen. Eine solche Nähe können Freunde und Bekannte häufig nicht zulassen. Die Begegnung mit dem trauernden Freund oder einem trauernden Verwandten kann so intensiv werden, dass Menschen davor zurückschrecken. Als ehrenamtliche Trauerbegleiter können sie aber genau dies tun: Nähe zulassen. Begegnung zulassen. »So-Sein« zulassen.

Ihre Professionalität besteht im Gewahrsein ihrer Grenzen: »Ich weiß stets, wo ich aufhöre und die andere Person anfängt – ich vermische nicht unser beider Leben und unser beider Bedürfnisse. Ich bin ganz da, wenn ich da bin. Aber wenn ich nicht [da] [...] bin, lebe ich mein Leben [...] Ich bin eine von unterschiedlichen Personen, die sich [...] bemühen, dem [Trauernden] [...] Unterstützung, Verläßlichkeit, erlebte Solidarität und wirksame Hilfe zu vermitteln« (Kränzle, 2017, S. 40). Kränzle nennt dies professionelle Nähe.

Ihre Aufgabe als Trauerbegleiterin, als Trauerbegleiter ist es, diese professionelle Nähe herzustellen, in der Austausch und Unterstützung möglich sind und Hilfe wachsen kann. In der Verbindung zwischen trauerndem Mensch und unterstützendem Begleiter kann jenes Vertrauen entstehen, das die Auseinandersetzung mit der eigenen Trauer und persönliches Wachstum möglich macht.

Dies erfordert auch, die Nähe zu sich selbst zuzulassen, sich anzunehmen im eigenen »So-Sein« und darauf zu vertrauen, dass sich der Weg des Miteinanders zeigen wird. Eine gute Ausbildung schafft diese Grundlage.

Anforderungen und Aufgabe

»Jeder Trauerweg ist ein ganz persönlicher Weg durch ein Minenfeld, von dem man nicht weiß, wo die Minen liegen«, so beschrieb es eine Mutter. Ein Trauerbegleiter steht möglicherweise vor einer ebenso anmutenden Herausforderung. Was wird mir auf dem Weg der Begleitung mit den trauernden Eltern begegnen? Welche Aufgaben und Herausforderungen sind für die Eltern zu meistern? Welche Themen sind für sie wichtig? Welche Hürden sind für sie zu nehmen? Was taucht möglicherweise aus dem Untergrund auf?

Dafür braucht es vor allem *Mut*. Selbst wenn ich diesen Weg bereits selbst gegangen bin oder als Trauerbegleiterin bereits viel Erfahrung in der Begleitung trauernder Menschen habe, brauche ich eine sichere innere Verortung und Stabilität. Die Wucht der Trauer hat viel Kraft.

Die innere Stabilität ist Basisvoraussetzung. Nur wenn es mir selbst gut geht, kann ich mich auf Menschen in Trauer einlassen.

Meinen Standort finde ich in der eigenen Auseinandersetzung mit dem Thema während der Ausbildung zum Trauerbegleiter, in der konkreten Beschäftigung mit Elterntrauer und in den Themen, die sich möglicherweise dann aufwerfen, wenn ich selbst betroffen wäre oder die mich aus anderen Gründen tief berühren.

Die Situation der Eltern wird üblicherweise in einem Erstgespräch erfasst. Dieses Gespräch wird vom Trauerbegleiter selbst geführt oder findet im Vorfeld durch eine Koordinatorin statt. Es ist bereits der erste Schritt auf dem Weg. Was wichtige Themen sind, wird darin spürbar und formuliert werden. Was konkret im Alltag zu allererst ansteht, wird ebenfalls hörbar werden. Viel weiter ist Trauerbegleitung auch nicht vorhersehbar. In jedem folgenden Einzelgespräch wird geschaut, was die trauernden Eltern jetzt gerade brauchen. Auch beim Besuch einer Trauergruppe zeigt sich das, was Eltern gerade brauchen, immer im Verlauf des Gruppentreffens.

3.2 Werkzeuge

Neben der persönlichen Auseinandersetzung mit Verlust und den dazugehörigen Themen sowie der Klärung einer eigenen Haltung und Position zu Verlust und Trauer wünscht sich jeder Trauerbegleiter, jede Trauerbegleiterin Handwerkszeug für die Begegnung mit trauernden Eltern. Gedacht wird dabei an etwas, das man benutzen und einsetzen kann in den konkreten Situationen, um eine Veränderung oder Verbesserung für die Eltern herbeizuführen oder sie zu unterstützen. Werkzeuge eben.

Über kreative Methoden in der Begleitung trauernder Menschen im Allgemeinen sowie für Eltern, Kinder und Familien gibt es ausreichend Literatur, zum Beispiel das Buch »ÜbungsRaum Trauerbegleitung« (Müller, Brathuhn u. Schnegg, 2019). Darum soll es hier nicht gehen. Deshalb sei an dieser Stelle nur darauf verwiesen.

Auch soll es nicht darum gehen, wie ich in einer Einzelbegleitung eines Vaters oder einer Mutter oder beider Eltern oder in geschlossenen oder offenen Trauergruppen am besten vorgehe und was es dabei vielleicht zu bedenken gibt.

Was würde mich als Trauerbegleiter am besten unterstützen? Bereits während der Qualifizierung zum Trauerbegleiter oder zur

Trauerbegleiterin erfahren viele Menschen, die diesen Weg gehen, dass er anders ist, als sie es sich vorgestellt haben. Zentraler Punkt der Ausbildung ist nicht nur die Wissensvermittlung, sondern es ist auch wichtig, sich mit seiner eigenen Trauerbiografie auseinanderzusetzen. Dies zielt hauptsächlich auf die Öffnung des Begleiters für die Belange seines Gegenübers, um zu erfassen, was der ratsuchende Mensch gerade braucht. Die Offenheit und Durchlässigkeit sind wichtig, um mit dem Trauernden ein Stück seines Weges mitzugehen, während er versucht, seinen Weg zu finden.

Wie kann das gelingen? Was brauchen die trauernde Mutter und der trauernde Vater, was brauchen die trauernden Eltern von uns? Sie brauchen jemanden, der es mit ihnen aushält mit all ihren widersprüchlich erscheinenden Gefühlen. Sie brauchen jemanden, der sie annimmt und darin bestärkt, dass alles so sein darf, wie es ist, dass es die normale Reaktion eines gesunden Menschen auf seinen unermesslichen Verlust ist. Sie brauchen jemanden, der sie bei der Suche nach Antworten unterstützt. Vielleicht möchten sie einen Schritt nach vorn wagen und schaffen es nicht. Dazu brauchen sie Ermutigung. Sie möchten möglicherweise etwas verändern, wissen aber nicht, wie. Im nächsten Moment möchten sie vielleicht versuchen, das Geschehene neu einzuordnen. Diesen vielfältigen Herausforderungen muss sich die Trauerbegleitung stellen.

Womit kann der Trauerbegleiter auf die berechtigten Anliegen der trauernden Eltern reagieren? Wie kann er unterstützend mitgehen?

Antworten finden sich in den Grundhaltungen verschiedener therapeutischer Ansätze, die auf die Begleitung trauernder Menschen übertragen werden können. Jeder Ansatz schaut aus einer anderen Perspektive auf den trauernden Menschen oder seine Situation.

- Der personzentrierte Ansatz betrachtet den Trauernden und die Trauersituation als einzigartig und individuell.

- Der ressourcenorientierte Ansatz schaut auf die Quellen der Kraft.
- Das Psychodrama unterstützt bei der Öffnung neuer Räume.
- Der systemorientierte Ansatz sieht den trauernden Menschen in seinen Systemen.
- Der lösungsorientierte Ansatz schaut nach vorn in Richtung Lösung und Veränderung.
- Der hypnosystemische Ansatz schaut auf das innere System und den sicheren inneren Ort für das verstorbene Kind.

Diese unterschiedlichen Sichtweisen auf trauernde Menschen und ihre Situation werden im Folgenden vorgestellt. Ein damit verbundenes Werkzeug wird dabei anhand eines Beispiels aus der Trauerbegleitung beschrieben.

Aushalten – die Haltung des personzentrierten Ansatzes anhand eines Beispiels

In der Begleitung trauernder Eltern geht es im ersten Schritt darum, sich dem Leid zusammen mit den Trauernden zu stellen, die sich daraus ergebende Not auszuhalten und an ihrer Seite zu bleiben. Das Leid über den Verlust eines Menschen ist ein steter Begleiter mit langem Atem, der viele Gesichter hat. Dieses Leid zeigt sich in der Vielfalt der Gefühle, die Eltern erleben, wenn ihnen ein Kind stirbt. In den beispielhaften Trauerereignissen, die im letzten Kapitel geschildert wurden, tritt dies deutlich zutage. Das Leid der trauernden Eltern ist das Erste, was wir in der Begegnung wahrnehmen. Es ist da bei allem, was sie erzählen und was sie bewegt. Es keimt immer wieder auf auf dem Weg, den sie zu gehen haben, um wieder ins Leben zurückzufinden.

Der personzentrierte Ansatz, der bereits im Kapitel zur Trauertheorie Erwähnung gefunden hat (1.4, S. 23 ff.), untermauert, dass Trauer ein einzigartiger und individueller Weg ist. Der Ansatz kann für das Aushalten herangezogen werden. Authentizität,

Akzeptanz und Empathie als Grundhaltung des Trauerbegleiters sind gleichzeitig Werkzeuge in der Begleitung trauernder Eltern.

Wann bin ich »authentisch« im Sinne dieses Ansatzes und wie kann dies in der Begleitsituation helfen? Ich bin als Trauerbegleiter oder Trauerbegleiterin dann »echt«, wenn mein inneres Erleben mit meinem äußeren Verhalten übereinstimmt und von den trauernden Eltern auch so wahrgenommen werden kann. Das bedeutet zum Beispiel, dass ich meine Berührtheit in der Begegnung auch zeigen darf. Echtheit bedeutet für mich als Trauerbegleiterin aber gleichzeitig auch Bewusstheit für meine Aufgabe, damit ich weiter gut in meiner Rolle des Begleitenden bleiben kann. Wenn ich diese Haltung für mich verinnerlicht habe, dann kann ich die trauernden Eltern oder den trauernden Elternteil dazu ermuntern, dass auch er in seiner Trauer echt sein darf und dass er alles, was er erlebt und fühlt, zeigen und aussprechen darf. Die Eltern, die um das Zwillingskind trauern, dürfen sich zurückziehen, weinen und unendlich traurig sein, auch wenn das andere Zwillingskind überlebt hat. Sie dürfen still sein oder lebhaft von ihren Kindern erzählen, von der Schwangerschaft, vom Sterben des einen Zwillings, von der Geburt der beiden Kinder und von der Beisetzung der Zwillingstochter. Immer und immer wieder, so lange, wie ihr Herz es braucht und wie es in der konkreten Situation gerade für sie nötig ist.

Wenn meine Haltung von Wertschätzung und Akzeptanz geprägt ist, dann kann ich ihnen aus meiner inneren Überzeugung heraus meine Achtung zum Ausdruck bringen für das, was sie gerade leisten. Trauernde Eltern beschreiben, dass ihnen der Boden unter den Füßen weggezogen wurde, dass nichts mehr funktioniert, nicht einmal der Alltag. Ich kann den Eltern der Zwillinge, die zum ersten Mal in der Gruppenstunde einer Selbsthilfegruppe sind, meinen Respekt bekunden, dass sie es geschafft haben, sich auf den Weg zur Gruppenstunde zu machen. Ich kann in Worte kleiden, dass ich mich innerlich vor ihnen verneige, weil sie es schaffen, ihren lebenden Zwilling zu versorgen und überhaupt selbst weiterzuleben. Die Gefühle der Zwillingseltern gegenüber dem lebenden Zwilling dürfen ambivalent sein. Ja, sie dürfen äußern, dass sie in dem Jungen auch immer das verstorbene Mädchen sehen. Ja, sie dürfen sich schlecht fühlen, wenn es ihnen nicht gelingt, mit ihrem Sohn unbeschwerte und fröhliche Momente zu erleben. Ja, sie dürfen sich Sorgen machen um eine gesunde emotionale Entwicklung ihres Sohnes. Durch die aktive Zuwendung und die Würdigung ihrer Situation und ihrer Empfindungen können wir ihnen die Basis bereiten, auf der sie ein Stück weit ihren Halt wiederfinden können.

Die Empathie, gemeint ist das einfühlsame Verstehen, hat ein aktives Erscheinungsbild im Rahmen des personzentrierten Ansatzes. Einfühlsames Verstehen gelingt dann, wenn wir durch Wiederholung oder Zusammenfassung des Gehörten bei den Eltern ein »Ja, so ist es«, ein »inneres Verstehen« durch die Eltern selbst erwirken können. Damit stellen wir den Gefühlen die Sprache zur Seite, um einen Zugang und eine Verarbeitung zu unterstützen. Die Sprache als Ausdruck für die Gefühlswelt ist das Werkzeug, das hilft, in das Chaos der Gefühle ein wenig Ordnung zu bringen.

Aber wie kommen wir als Trauerbegleiter dahin? Mucksch (2015) zeichnet dazu ein humorvolles Bild. Der Trauerbegleiter sei dumm, faul und neugierig. Mucksch bezeichnet diese »Befähigung« auch als die Qualitäten der Unwissenheit, der Zurückhaltung und des zugewandten Interesses. Mit dem vorangestellten augenzwinkernden »Anforderungskatalog« entlastet er die Aufgabe der Begleitung von allzu großem Erwartungsdruck an sich selbst.

Wenn wir trauernden Eltern neu begegnen, wissen wir über diese Menschen und ihren Verlust zunächst nichts. Gelingt es uns in dieser Situation, uns ganz auf die Erfahrungswelt der trauernden Eltern einzulassen, weil wir verstehen wollen, können wir uns durch aufmerksames Zuhören die Welt der Trauernden nach und nach erschließen.

Mit Zurückhaltung und Hintanstellung unserer eigenen Erfahrung ermöglichen wir den trauernden Eltern, ihren Weg im eigenen Tempo zu gehen. Wir geben weder Richtung noch Geschwindigkeit vor. In der Haltung des zugewandten Interesses zeigen wir als Trauerbegleiterinnen, dass wir wirklich verstehen wollen und die Situation der trauernden Eltern würdigen.

Das Verstehenwollen und das Würdigen der Situation der Eltern geschieht aktiv. Wir benutzen die Werkzeuge des Hin-Hörens, des Hin-Schauens und des Hin-Spürens und unterstützen die Eltern dabei, ihre Trauer in »Sprache zu bringen«, um die Verarbeitung anzuregen.

Mucksch (2015) sieht für die Haltung des »optimalen« Trauerbegleiters den spirituellen Blick und die Beachtung der eigenen Intuition als kraftvolle Ergänzung und erhofft sich dafür einen geöffneten Raum im Begleiter. Tatsächlich ist für alle Eltern die Frage nach dem Sinn des Todes ihres Kindes und die Frage, wo ihr Kind jetzt ist, nur auf spiritueller Ebene zu beantworten. Es gibt für keine dieser Fragen eine objektiv »richtige« Antwort. Die eigene Intuition im Sinne einer plötzlichen Erkenntnis aus unserem Verstehen heraus, die der Trauernde vielleicht noch gar nicht formuliert hat, kann ein wichtiger Impuls sein. Mucksch ermutigt uns, sie zur Verfügung zu stellen. Vertrauen in die Kraft des Spirituellen und die Kraft der eigenen Intuition sind also zusätzliche und nützliche Werkzeuge für die Trauerbegleiterinnen in der Begleitsituation.

Dazu schreibt Backhaus (2017, S. 161) in ihrem Buch über personzentrierte Beratung und Therapie bei Verlust und Trauer: »So sind es […] die Bedürfnisse Trauernder nach Verstehen, Verbinden und Gestalten, die in der Begegnung mit trauernden Menschen zu berücksichtigen sind und an denen sich die Arbeit entfaltet.«

Natürlich geht der Ansatz der personzentrierten Begleitung weit über das »Aushalten« hinaus. Er ist beispielhaft hier angeführt. Mit einer Grundhaltung, die von Empathie, Wertschätzung und Echtheit geprägt ist, können wir die trauernden Eltern auf ihrem gesamten Weg bei allen Herausforderungen begleiten. Trauerbegleiter können, wie Backhaus es sehr anschaulich ausführt, mit dem Trauernden den Verstorbenen kennenlernen und sich so die Bedeutung des Verlustes erschließen. So wird erfahrbar, wie sich seine Trauer anfühlt in Farbe, Form und Emotion. Zusammen mit den trauernden Eltern kann ich deren ureigenen Weg entsprechend ihren Bedürfnissen, ihren inneren Werten und ihrem inneren Wissen erarbeiten. Ich kann gemeinsam mit ihnen ihre Ressourcen aufdecken, die im sozialen Umfeld, in bestimmten Situationen oder in der eigenen Person liegen. Ich kann mit ihnen gemeinsam ihre Gefühle in Worte fassen und zu einem eigenen Verstehen und Nachvollziehen verhelfen. Ich kann mit ihnen ihrem schlechten Gewissen eine Stimme und eine Gestalt geben. Ich kann ihre Intuition unterstützen.

Die Haltung des personzentrierten Ansatzes stellt damit ein umfassendes Werkzeug dar, das in allen denkbaren Begleitsituationen dem Begleitenden den Raum für die Begleitung öffnet und den Rahmen hält.

Stärken – zwei Beispiele mit der Haltung des ressourcenorientierten Ansatzes

Der Begriff »Ressource« ist sehr weit gefasst. Eine Ressource ist all das, was von einer Person in einer bestimmten Situation wertgeschätzt und als hilfreich angesehen wird. Ressourcen sind Möglichkeiten und speisen sich aus den Erfahrungen, die wir bereits bei der Bewältigung von anderen Krisen als hilfreich erlebt haben. Jeder Mensch und jede Situation mit ihrer speziellen Herausforderung braucht dabei andere Ressourcen.

Ressourcen können in interne und externe Ressourcen unterteilt werden. Interne Ressourcen könnten zum Beispiel sein: ein gutes Selbstwertgefühl, Bereitschaft zu vergeben, Einfühlsamkeit, Offenheit für Neues, Durchsetzungsvermögen, Ausdauer, Vorausdenken, guter Gesundheitszustand.

Externe Ressourcen können zum Beispiel sein: gute soziale Beziehungen in der Familie, ein Haustier, Erfüllung im Beruf, Hobbys, ein unterstützender Freundeskreis.

Wenn Eltern trauern, dann ist das Blickfeld oft sehr eingeschränkt. All ihre Aufmerksamkeit ist auf den Verlust der Tochter oder des Sohnes ausgerichtet. Neben anderen Gefühlen können Schmerz, Trauer, Wut, Liebe und Sehnsucht ihren inneren Raum besetzen. Dies führt häufig dazu, dass nur noch der Blick in den Tunnel bleibt. Was sie in ihrem Leben bisher gelernt und geschafft haben, all ihre Fähigkeiten, tragenden Einstellungen, Motivationen, Ziele und Wünsche, ihre Haltungen und ihre Werkzeuge zur Lebensbewältigung, entziehen sich ihrem Blickfeld und damit ihrem Zugriff. Mitunter sehen sie nicht einmal mehr, was trotz des Verlustes alles noch funktioniert. Immerhin schaffen sie es, zu überleben. Heute sind sie hierhergekommen in die Einzelbegleitung oder die Gruppe und kümmern sich um sich selbst und um ihre Trauer. Das kann nicht genug wertgeschätzt werden und ist gleichzeitig der Blick auf die erste Ressource. Sie hatten die Kraft, die Katastrophe zu überleben. Sie können überleben. Sie haben den Weg bis heute und hierher geschafft. Sie holen sich Unterstützung. Das ist bereits die zweite Ressource.

Das Werkzeug der Ressourcenorientierung ist gleichzeitig und vielleicht sogar vornehmlich eine innere Haltung gegenüber den trauernden Eltern. In allem, was die Eltern berichten, kann in der Trauerbegleitung der Blick auf das, was sie durch jeden einzelnen Schritt schaffen, gelenkt werden. Als Trauerbegleiterin kann ich dies in Worte fassen und es sichtbar machen. Am

Anfang des Trauerweges kann das sein: Sie haben es geschafft, für ihre Tochter eine wundervolle Abschiedsfeier mitzugestalten. Dies ist die Ressource der Handlungsfähigkeit. Sie gestalten, nehmen die Dinge selbst in die Hand.

Die Haltung des Trauerbegleiters ist die eines Menschen, der bei respektvoller Würdigung der Problematik, die die trauernden Eltern in die Begleitungssituation mitbringen, immer wohlwollend und positiv auf das schaut, was gelungene Bewältigungserfahrungen sind. An den Stellen, an denen die Ressourcen nicht zugänglich zu sein scheinen, unterstützt er die Eltern im Auffinden dieser Quellen. Dies kann zum Beispiel darin bestehen, dass er sich mit den Eltern auf den Weg macht, sich zu erinnern, wo sie bereits einmal eine Herausforderungssituation hatten und was damals geholfen hat, sie zu meistern. Oder er unterstützt die Eltern in Situationen, wenn Schritte zurück ins Leben unmöglich erscheinen, indem er unterstützend auf die Suche nach Beschäftigungen mit ihnen geht, die ihnen Freude machen würden.

Eine erfahrene Trauerbegleiterin berichtete aus der Begleitung einer Mutter, die ihr einziges erwachsenes Kind verloren hatte. Die Mutter war alleinstehend und der Tod ihres Sohnes nahm ihr viel ihres bisherigen Lebensinhaltes. Sie hatte das Gefühl, mit ihrem Sohn auch den Sinn ihres Lebens verloren zu haben. Sie kam sehr häufig in die Begleitung. Nach einiger Zeit äußerte sie, dass sie gern die Leere wieder füllen würde, die der Tod ihres Sohnes hinterlassen hatte, jedoch sich überhaupt nichts vorstellen könne, was sie konkret tun könne. Nichts aus ihren Überlegungen und von den Dingen, die sie früher gern getan hat, konnte hier ihrer inneren Überprüfung standhalten. Die Trauerbegleiterin lud sie ein, sich mitten in den Raum zu stellen, sich einfach umzuschauen und alles, was sie sehe, auf sich wirken zulassen. Wenn Gedanken auftauchten, sollte sie sie aussprechen. Es dauerte lange. Es gab einiges Schulterzucken und mehrfach die Äußerung »*Keine Ahnung. Ich weiß es nicht.*« Dann, nach geraumer Zeit, ging die Mutter auf eine afrikanische Figur zu, die auf der Fensterbank stand. »*Früher wollte ich mich immer in der Flüchtlingsarbeit engagieren.*« In den nächsten Wochen nahm sie Kontakt mit der Flüchtlingshilfe ihres Wohnortes auf und begann sich dort ehrenamtlich zu engagieren. Nach einem weiteren Gespräch, in dem sie davon berichtete, war die Trauerbegleitung abgeschlossen. Sie hatte einen neuen Lebenssinn für sich gefunden.

An diesem Beispiel wird ersichtlich, wie tief Ressourcen verborgen sein können und dass sie mit Raum, Zeit und einer ressourcenorientierten Haltung verfügbar gemacht werden können.

Damit wird die Begleitungssituation selbst zur Ressource, zu einer Quelle, aus der die trauernden Eltern Kraft schöpfen können. Mit der Zeit wird vielleicht auch diese Sichtweise zu einer eigenen inneren Haltung und damit auch zu einer Ressource.

Ein weiteres Beispiel: Die junge Mutter, von der bereits berichtet wurde, die sich nach dem Tod ihrer Tochter noch ein Kind wünschte, weil sie noch so viel Liebe in sich spürte, wurde wieder schwanger. Und plötzlich ist alles ganz anders, als sie es sich vorgestellt hat. Jetzt hat sie nur noch große Angst. Wäre die Tochter nicht gestorben, hätte sie sicher kein weiteres Kind mehr bekommen. Ist das Kind »nur« Ersatz für die Tochter? Der fünfjährige Sohn hat Angst davor, dass die verstorbene Schwester böse sein könnte, wenn er sich auf das neue Geschwisterchen freut. Die Partnerschaft ist durch diese schwierige Situation herausgefordert. Der Mutter ist es ständig übel, und so ist ihr die Schwangerschaft permanent präsent. Sie sagt, sie spüre jetzt, dass es vielleicht doch noch viel zu früh oder vielleicht doch nicht richtig sei, noch ein Kind zu bekommen. Aber jetzt *ist* sie schwanger. Wie kann hier eine Stärkung gelingen? Was könnte hier Ressource sein oder Ressource werden?

Trotz der Zweifel der Mutter freut sich die begleitende Gruppe über das neue Leben, das entsteht. Sie überlegen gemeinsam, was diese Frau als Mutter ihrer zwei Kinder ausgemacht hat, als die Welt noch in Ordnung war und auch als sie ins Wanken kam: Sie ist eine liebende Mutter, sie ist eine sehr temperamentvolle Mutter, mit der man Pferde stehlen kann, sie ist eine beschützende Mutter, eine Löwin, eine Kämpferin, und sie ist eine starke Mutter, die viel aushalten und viel halten kann. Sie ist diese Mutter jetzt immer noch. Die Gruppe schreibt diese Eigenschaften auf bunte Zettel und die Mutter nimmt sie mit nach Hause. Um sich daran zu erinnern, was sie sich selbst und was die anderen Menschen ihr zuschreiben. Die Herausforderung wird trotzdem bleiben. Aber sie glaubt jetzt ein wenig mehr, dass sie es schaffen wird.

Beantworten – die neutrale Zone des Psychodramas und ein Beispiel

»Der Tod gehört zum Leben dazu. Diese Erfahrung machen Eltern, deren Kinder sterben, in ihrer radikalsten Form« (Meier-Braun u. Schlüter, 2017, S. 67). Mit diesem Satz beginnt das Kapitel »Lebensübergänge und die neutrale Zone« in dem Buch »Die gewandelte Trauer«, mit dem Meier-Braun und Schlüter trauernde Eltern ermutigen wollen, sich auf einen Weg der Wandlung einzulassen.

Wenn ein Kind gestorben ist, dann schließt sich für die Eltern eine Tür, die sie nie wieder öffnen können. Es ist die Tür zum Raum der Vergangenheit, in dem ihr Kind noch lebte. Diese Tür bleibt verschlossen, denn der Tod hat sie verriegelt. Der Weg zurück ist nicht mehr möglich. Es bleibt nur der Weg nach vorn. Unser Verstand weiß, dass es nun nötig ist, diesen Verlust in unsere Biografie aufzunehmen und in ein Leben ohne dieses Kind zurückzufinden. Dazu müssen wir eine andere Tür öffnen. In der schmerzvollen Erfahrung, in der Eltern sich nach dem Tod des Kindes befinden, ist dies jedoch noch nicht möglich. Der Raum zwischen diesen beiden Türen, zwischen dem »Nicht-mehr« und dem »Noch-nicht« ist die »neutrale Zone« (Meier-Braun u. Schlüter, 2017, S. 68). In schweren Krisen und Verlustsituationen braucht es diese »neutrale Zone«, weil es Zeit und Raum braucht, um dieses zutiefst verstörende und aufwühlende Erlebnis anzunehmen und neue Wege und Erfahrungen zu wagen.

Das Konzept des Psychodramas nutzt diese »neutrale Zone«, um mit seinem Handwerkskasten und seiner Haltung die nötigen Veränderungen zu begleiten. Jacob Levy Moreno, ein österreichischer Arzt, ist der Begründer und Entwickler des Psychodramas. Schnegg (2014) beschreibt in seinem Buch über psychodramatische Methoden in der Begleitung die Trauer als bedeutsamen schöpferischen Prozess. Dieser Prozess hilft, die schöpferischen Kräfte im trauernden Menschen zu wecken, um neue Perspektiven zu eröffnen. Wenn ein Kind gestorben ist, dann ist es für die trauernden Eltern unumgänglich, neue Perspektiven zu entwickeln. Die bisherigen Perspektiven, die mit dem Leben dieses Kindes verknüpft waren, sind schließlich nicht mehr verfügbar.

Die schöpferischen Kräfte, die diese Entfaltung ermöglichen, sind nach Moreno die Spontaneität und die Kreativität, die beide in jedem Menschen angelegt sind. Trauer ist gerade in der ersten Zeit durch das Gefühl des Stillstandes und der Lähmung gekennzeichnet. Eine trauernde Mutter beschrieb dieses Empfinden so: »*Ich war froh, dass sich die Welt von allein drehte. Hätte ich nach dem Tod meiner Tochter etwas dazu beitragen müssen, dann wäre die Welt stehen geblieben.*« »Wenn sich die Situation verändert und die bis dahin passenden Handlungsstrukturen und die gewohnten Aktivitäten nicht mehr funktionieren, muss eine adäquate Reaktion auf diese neue Situation gefunden werden. […] [Der Trauernde] sucht mithilfe seiner Kreativität nach neuen passenden Lösungen« (Meier-Braun u. Schlüter, 2017, S. 71).

Das Psychodrama unterstützt trauernde Menschen mithilfe seiner Methoden, aus dieser Starre herauszufinden. Zunächst ist es wichtig, sich der Situation bewusst zu werden, indem man sich die Fragen beantwortet, worin die konkrete Situation/Lage besteht, was uns in diese Situation/Lage gebracht hat und was uns aus dieser Situation/Lage wieder hinausführt (Meier-Braun u. Schlüter, 2017, S. 72). Diese Fragen können Trauerbegleitende gemeinsam mit den trauernden Eltern stellen.

Beim Treffen einer Selbsthilfegruppe möchte eine Mutter die hilflose Lage schildern, in der sie sich gerade befindet: Die erste Frage lautete: Worin besteht die konkrete Lage? Die trauernde Mutter erzählt, dass das Grab ihrer Tochter »verwüstet« wurde. Das entsetzt und lähmt sie, sie ist zutiefst verletzt. Sie weiß nicht, wie sie damit umgehen soll.

Die zweite Frage lautet: Was hat sie in diese Lage gebracht? Die Mutter berichtet, dass sie und ihr Mann das Grab der Tochter am Tage zuvor erst neu bepflanzt hatten. Sie hatten ganz besonders schöne Pflanzen ausgesucht, die ihrer Tochter immer so gut gefallen haben. Auf das Grab haben sie zusätzlich ganz viele Schmetterlinge auf Holzsteckern gesetzt, die eine ganz tiefe Bedeutung für sie haben. Ihre Tochter, die zwei Jahre zuvor im Alter von 15 Jahren bei einem Unfall ums Leben gekommen war, habe immer gelächelt. Schon früher haben die Eltern immer gesagt, ihr Lächeln sei wie die Umarmung eines Schmetterlings. Diese Schmetterlinge sind ihre Verbindungszeichen der tiefen Zuneigung, die sie für ihre Tochter empfinden. Jetzt haben Diebe die Pflanzen ausgegraben und mitgenommen und auch die Schmetterlinge gestohlen.

Die dritte Frage lautet: Was führt sie aus dieser Lage heraus? Die Mutter fragt die anderen trauernden Eltern. Das ihr entgegengebrachte Mitgefühl tut ihr gut. Die Eltern der Gruppe fragen zum Beispiel, ob sie den Diebstahl gemeldet habe. Die Eltern des verstorbenen Mädchens waren in dieser Hinsicht bereits aktiv gewesen. Die Polizei habe gesagt, sie könnten den Diebstahl gern anzeigen, aber da es keinen Beweis für eine konkrete

Täterschaft gäbe, würde das ins Leere laufen. Das Friedhofsamt des Ortes habe kommentiert: »*Das kommt immer mal wieder vor. Da kann man nichts machen.*« Das ist also eine Sackgasse. Eine andere Mutter, die Kontakt zu der regionalen Zeitung hat, schlägt vor, diesen »Grabraub« öffentlich zu machen. Die Mutter überlegt und willigt ein. Gemeinsam erstellen die beiden Mütter einen Zeitungsartikel. Sie fügen ein Bild des geplünderten Grabes hinzu und berichten von dem Schmerz, der dieser Mutter zugefügt wurde. Durch diese »Öffentlichmachung« erlangt die Mutter etwas Sicherheit zurück. Die Öffentlichkeit schaut jetzt mit. Gleichzeitig hat sie ihren Schmerz benannt und lindert damit das Gefühl der Ohnmacht, in der sie steckte.

Ohne den Tod der Tochter wäre diese Mutter nie in eine solche Situation geraten. Sie hatte keine Handlungsmaximen zur Hand, die ihr helfen könnten, aus der Lage herauszukommen. Da das Grab der Tochter auch künftig weiter beraubt werden könnte, brauchte sie eine Möglichkeit, damit umzugehen. In ihrer »neutralen Zone« helfen ihr die Bereitschaft, etwas zu tun, und die Ideen der anderen Eltern. Sie pickt sich die Möglichkeit heraus, die für sie die Passende ist. Sie erfährt, dass es gut ist, dem Geschehen Worte zu geben und zu handeln. Damit eröffnet sie sich eine Möglichkeit, auch in Zukunft mit herausfordernden Situationen umzugehen. Die neue Tür öffnet sich einen Spalt.

In diesem Prozess sieht Schnegg (2014) die trauerbegleitenden Menschen gleichsam als Geburtshelfer, die helfen und unterstützen, dass sich Neues entfalten kann.

Verändern – Fragen als Werkzeug des lösungsorientierten und des systemischen Ansatzes

Fragen können auf vielfältige Art und Weise gestellt werden. Sachfragen können dazu dienen, Gewissheit über eine Sache oder eine Situation zu erlangen. Geschickt gestellte persönliche

Fragen zeigen das Interesse an dem Menschen, dem die Fragen gestellt werden. Eine interessant formulierte Frage macht auch den Menschen, dem sie gestellt wird, neugierig auf sich selbst. Damit kann es das Fragestellen schaffen, den Menschen in eine Denkart zu bringen, in der er sehr viel von sich selbst erfahren und lernen kann (Kindl-Beilfuß, 2017, S. 22).

Fragen sind zentrale Werkzeuge sowohl in der lösungsorientierten Beratung und Therapie als auch in der systemischen Begleitung. Beide Ansätze werden unter dem Aspekt der Bedeutung von Fragen kurz skizziert und folgende Werkzeuge werden vorgestellt:
- Zirkuläre Fragen
- Skalierungsfragen
- Unterschiedsbildung mithilfe von Fragen

Zirkuläre Fragen im systemischen Ansatz

Aus systemischer Sicht wird Trauer als Entwicklungsprozess betrachtet (Rechenberg-Winter u. Fischinger, 2018, S. 66). Das zugrunde liegende humanistische Weltbild sieht den Trauernden als Experten für sich selbst an. Alle Möglichkeiten und Potenziale, seine Krisen zu bewältigen, liegen in ihm. In Zeiten tiefer Trauer, wie nach dem Verlust eines Kindes, sind diese Kräfte oft verdeckt. Das Eltern-System ist aus dem Gleichgewicht und die trauernden Eltern müssen in neue Rollen und Funktionen hineinwachsen, in ihren jeweiligen Systemen und jeder für sich (siehe Kapitel 1.4.6). Um diese Veränderungen im System anstoßen zu können, sind zirkuläre Fragen ein wichtiges Hilfsmittel. Sie erlauben es dem Trauernden, zu seiner Sichtweise einen neuen Blickwinkel hinzuzunehmen.

Eine Mutter erzählte, dass sie ihre Tränen immer unterdrücke, weil sie ihrem Sohn nicht zeigen wollte, wie traurig sie sei. Sie dachte, dass sie ihn damit zusätzlich belaste. Wenn der Sohn sie fragte, ob sie traurig sei, dann verneinte sie dies immer. Durch das tagtägliche »Hinunterschlucken« ihrer Tränen ging es ihr zunehmend schlechter. Sie spürte, dass es nicht richtig war. Eine zirkuläre Frage in der Begleitung führte eine Perspektivänderung herbei. »Wenn ich deinen Sohn fragen würde, wie es seiner Mama gehe und ob er sie oft traurig erlebe, was würde er mir antworten?« Die Antwort der Mutter aus der Sicht ihres Sohnes lautete: »Meine Mama ist oft traurig. Das kann ich an ihren Augen sehen. Aber sie will mir das nicht zeigen. Dabei bin ich ja auch manchmal traurig und Mama tröstet mich dann immer. Ich würde Mama auch trösten.« Dieser Perspektivwechsel konnte der Mutter zeigen, dass Trauer in Gegenwart ihres Sohnes durchaus erlaubt und vielleicht sogar erwünscht war. Sie berichtete später, dass ihr Sohn sehr stolz war, seiner Mutter ein Taschentuch zu bringen und sie trösten zu können, und dass es sie tief miteinander verbunden habe.

Fragen zu stellen nach den Sicht- und Denkweisen der anderen Familienmitglieder, Freunde oder Arbeitskollegen in Bezug auf den Trauernden ermöglicht zweierlei. Erstens: Die Trauernden bleiben in ihrer eigenen Realität des Denkens und Fühlens. Zweitens: Sie nehmen einen neuen Blickwinkel hinzu. Diese Erweiterung des Denkspektrums ermöglicht ihnen neue Handlungsspielräume.

Skalierungsfragen im lösungsorientierten Ansatz

Auch im Konzept des lösungsorientierten Denkens sind Fragen ein wichtiges Werkzeug. Anders als im systemischen Denken wird hier nicht die Sichtweise anderer Menschen aus dem System der trauernden Eltern hinzugenommen, sondern der Blick nach vorn unterstützt. Steve de Shazer und Insoo Kim Berg haben die lösungsorientierte Kurztherapie seit den 1980er Jahren entwickelt (de Shazer u. Dolan, 2016).

Die lösungsorientierte Sichtweise ist mit Grundannahmen verbunden, die eine hilfreiche Basis für die Begleitung trauernder Eltern bilden. Die Grundhaltung des Begleitenden gegenüber dem Trauernden ist respektvoll, optimistisch und positiv. Der Trauernde besitzt die Resilienz, die er benötigt, und ebenso die Stärke, das Wissen und die Erfahrung, um die Veränderung, die nötig ist, selbst zu bewirken (de Shazer u. Dolan, 2016, S. 27). Hiermit wird eine nach vorn schauende, auf eine Lösung gerichtete Einstellung vorausgesetzt. Drei der wesentlichen Lehrsätze, in denen sich diese Haltung widerspiegelt, lauten (de Shazer u. Dolan, 2016, S. 23 ff.):

- Was funktioniert, sollte man häufiger tun.
- Was nicht funktioniert, sollte man bleiben lassen.
- Kleine Schritte können zu großen Veränderungen führen.

Das primäre Werkzeug bei der lösungsorientierten Begleitung ist ebenfalls, Fragen zu stellen. Das Fragen richtet sich dabei auf die Gegenwart, die Veränderung und die Zukunft des Trauernden. Die Blickrichtung liegt nicht auf der Vergangenheit. Dem liegt die Überzeugung zugrunde, dass die Fokussierung auf die Probleme und ihren Ursprung nicht zur Lösung beiträgt. Durch Fragen, die sich darauf richten, wie die Zukunft aussieht und gestaltet werden kann, werden die Ressourcen in den Blick genommen. Gleichzeitig lenkt man den Fokus auf das, was für den Trauernden (bisher) funktioniert (hat). Das bedeutet nicht, dass die Vergangenheit keine Rolle spielt und nicht thematisiert wird. In der Trauerbegleitung wird die Wertschätzung der schwierigen Situation, die die trauernden Eltern durch den Tod des Kindes erleben und durchleben, explizit ausgedrückt. Es wird benannt und anerkannt, was die Eltern bis zu diesem Tag bereits geleistet haben. Dadurch wird der Weg der trauernden Eltern bis hierher als erster Schritt zu einer weiteren Veränderung gesehen und gewürdigt. Trauernde Eltern können dadurch ermutigt werden, diesen Weg weiter zu beschreiten.

Skalierungsfragen sind ein hilfreiches Mittel, um die Problematik und das Ziel der trauernden Eltern besser einordnen zu können und Veränderung anzustoßen (de Shazer u. Dolan, 2016, S. 31 ff.).

Eine Mutter kam in die Trauerbegleitung. Die Ringe unter den Augen und der Gesichtsausdruck zeigten eine müde und traurige Frau. Sie äußerte, dass ihr der gesamte Antrieb im Leben fehlte. Sie wollte nicht mehr aufstehen, sich nicht mehr pflegen, sie hatte keinen Hunger mehr und wollte nicht mehr am alltäglichen Leben teilhaben.

- ▶ Auf einer Skala von null bis zehn: Wie antriebslos fühlen Sie sich?
  - Eine Zwei. Ich fühle mich wie eine Zwei oder eine Zwei-bis-Drei. Das Einzige, was ich noch schaffe, ist das Frühstück für meine Kinder zu machen. Danach lege ich mich einfach wieder hin und stehe nicht mehr auf, bis die Kinder aus der Schule kommen.
- ▶ Okay. In Ihrer jetzigen Situation: Bei welcher Zahl auf der Skala wäre es für Sie wieder in Ordnung?
  - Bei einer Sieben. Eine Sieben wäre okay. Dass alles gerade so schwer ist und ich nicht so viel schaffe, ist ja klar. Aber dass ich so gar nichts mehr schaffe im Moment, das ist schlimm.
- ▶ Im Moment ist es also eine Zwei oder Zwei-bis-Drei. Wenn es eine gute Drei wäre, woran würden Sie das merken? Was hätte sich geändert?
  - Eine gute Drei? Ich weiß nicht. Ich kann morgens nicht mal den Tisch aufräumen, wenn die Kinder aus dem Haus sind. Also eine gute Drei, ja, dann würde ich das vielleicht schaffen. Wenigstens das.

- ▶ Was noch? Was würde Ihnen zeigen, dass es eine gute Drei ist?
  - Ja, hmmm, vielleicht dass ich meine Kinder freundlich empfangen könnte, wenn sie zurückkommen. Im Moment mag ich sie noch nicht mal in den Arm nehmen. Ich öffne die Tür und lege mich wieder aufs Sofa. Das tut mir so weh.
- ▶ Wie genau kann ich mir denn einen freundlichen Empfang Ihrer Kinder vorstellen? Es klingelt also an der Tür, und dann?
  - Ja, also früher, also bevor unser Sohn starb, da habe ich immer … da habe ich gesagt … da habe ich gemacht … meine Kinder haben dann immer … und dann haben wir ….
- ▶ Was genau? Wie genau? Was sonst noch? Was sonst noch?

In dieser Kurzvariante einer Begleitsituation zeigt sich das Prinzip des Werkzeugs der Skalierungsfragen und der Unterschiedsbildung. Durch das Einordnen der spezifischen Problemlage auf einer Skala bekommt die Sorge einen Stellenwert und wird dadurch gleichzeitig gewürdigt. Anhand dieser Skala wird auch das Ziel in den Blick genommen. Es ist für Trauernde wesentlich einfacher, das Ziel zunächst mit einer Ziffer zu benennen, als es auszuformulieren. Selten muss es die Zehn sein, denn bei einer Zehn wäre das Problem nicht mehr vorhanden. Trauernde Eltern sagen oft, dass das ja unrealistisch sei, denn das könne nur der Fall sein, wenn das Kind nicht gestorben wäre.

Unterschiedsbildung mithilfe von Fragen

Um einen zukunftsorientierten gedanklichen Prozess anzustoßen, ist das Mittel der Unterschiedsbildung sehr hilfreich. Bei der Unterschiedsbildung geht es um die möglichst genaue Beschreibung dessen, was den Unterschied macht. Entweder könnte gefragt werden, warum es für die Mutter keine Null ist und was ihre Antriebslosigkeit zu einer Zwei-bis-Drei macht? Damit zeigt sich ihr selbst, was sie doch schon schafft. Oder es wird gefragt, was den Unterschied machen würde, wenn sich der Skalenwert um einen Punkt verändert hätte. Dabei versucht man durch Fragen wie »Was genau?« oder »Was sonst noch?« die Situation vorstellbar zu machen, die diese kleine Veränderung zeigt. Hier ist es wichtig, sehr geduldig zu sein und die Stille nach den Fragen auszuhalten, damit sich für die trauernden Eltern der Raum für ihre Antworten öffnen kann. De Shazer und Dolan vergleichen die Unterschiedsbildung mit einem Sprungbrett (de Shazer u. Dolan, 2016, S. 105). Je stärker der Unterbau konstruiert sei, desto höher seien die Feder- und die Sprungkraft. Auf die Trauerbegleitung übertragen bedeutet dies: Je besser die Eltern diese Situation beschreiben können, desto mehr spüren sie, dass sie alle Fertigkeiten haben, um sie verbessern oder lösen zu können.

Das Stellen von Fragen in der Begleitung stellt sich damit als ein umfassendes Werkzeug der Motivation und der Zielfindung und der daraus resultierenden Veränderung dar.

Verbinden – die Idee der hypnosystemischen Trauerbegleitung und eine Gruppenerfahrung mit einer Imagination

Das verstorbene Kind ist nicht mehr Teil unseres lebendigen Systems. Es fehlt im Äußeren. Wir können für unser Kind kein Frühstück mehr zubereiten, beim Mittagstisch erfahren wir nicht mehr, wie der Schultag war, und wir erleben die kleinen Streitigkeiten mit den Geschwistern nicht mehr. Das Kinderzimmer bleibt leer und unbewohnt. In unserem Alltag ist das Fehlen des Kindes allenthalben sichtbar und spürbar. In unserem Inneren jedoch ist unser Kind immer noch Teil unseres Lebens. Wir spüren dies am tiefen Schmerz, den wir angesichts des Verlustes empfinden. Unsere Liebe hat plötzlich kein Gegenüber mehr. Hier ist etwas ganz und gar aus dem Gleichgewicht geraten. Das Bild vom Mobile, an dem ein Teil fehlt, steht hier Modell.

In unserm Inneren ist unser Kind immer noch allgegenwärtig. Die Gefühle, die uns mit unserem Kind verbinden, sind immer noch da, natürlich. Das vergangene gelebte Leben mit unserem Kind ist immer noch da, natürlich.

Aus hypnotherapeutischer Sicht geht es in der begleitenden Trauerarbeit darum, die innere Repräsentanz des Kindes auf allen Sinnesebenen zu finden, zu verankern und zu bewahren. Damit soll eine vorstellbare und gefühlsmäßig fundierte Beziehung zum Kind entdeckt, gestaltet und erfahrbar gemacht werden (Kachler, 2010).

Wie im äußeren System des Lebens das Mobile ein neues Gleichgewicht finden muss, so muss dies auch auf der inneren Ebene geschehen. Im hypnosystemischen Verständnis gehört beides zusammen. Das verstorbene Kind fehlt im Äußeren. Im Inneren ist es Teil unseres Lebens. Trauerarbeit wird deshalb als kreative, internale Beziehungsarbeit gesehen unter Berücksichtigung der Tatsache, dass im lebendigen Leben das Kind fehlt. Das Zulassen und das Leben der Trauer bereiten den Boden, um diese internale Präsenz des Kindes zu gestalten. Kachler (2010) schreibt in seinem Leitfaden für die hypnosystemische Trauerbegleitung: »Trauer [ist] […] die Kompetenz des Trauernden, die ihn durch den Trauerprozess führt« (Kachler, 2010, S. 50). Die tief schmerzenden Gefühle der Trauer sind da, *weil* wir unser Kind lieben. Sehnsucht und Liebe sind kraftvolle Gefühle der Trauer. Aus hypnosystemischer Sicht werden diese starken Emotionen als Ressource betrachtet und genutzt. Über den Weg der Kommunikation mit dem verstorbenen Kind und mit sich selbst können sie für die Eltern die Basis bilden, auf der eine Gestaltung der Präsenz des verstorbenen Kindes gelingen kann.

Trauernde Eltern möchten ihr Kind nicht loslassen. Im realen Leben sind sie nun in der Situation, dass sie dies gezwungenermaßen tun mussten. Was immer sie sich auch wünschen, dieser eine Wunsch, das Kind möge ins Leben zurückkehren, wird ihnen nicht erfüllt werden. Einen inneren sicheren Ort für ihr Kind zu finden, ist für die Eltern eine zweitbeste Lösung, wie Kachler (2010) ausführt, und angesichts der Realität auch eine gute Möglichkeit und große Chance, das verstorbene Kind dort gut aufgehoben zu wissen.

Die hypnosystemische Begleitung arbeitet dabei stark mit Imaginationen. Unsere Trauergefühle, unser Unbewusstes und der Verstorbene sind dabei die Ratgeber, die uns auf unsere Fragen und Anliegen Antworten geben können. Trauernde Menschen beschreiben oft, dass sie sich wie in einer irrealen Welt fühlen. Das alles kann gar nicht passiert sein. Es ist ein böser Traum. Emotionen überschwemmen die Eltern, sie sind einer sich extrem schwankenden Gefühlswelt ausgesetzt. Rationales Denken hat hier vielfach keinen großen Stellenwert, weil es für die Eltern nicht hilfreich ist. Und so greift diese Herangehensweise genau diese Irrationalitäten auf und macht sie zu ihrem Werkzeug. Sie befragt die Gefühle, sie befragt die Repräsentanz des Kindes und sie befragt das Unterbewusste, das Einzige, was zeitweise funktioniert. Damit wird durch hypnosystemische Begleitung aus der Not eine Tugend.

In einer Gruppenstunde mit trauernden Eltern lud die Trauerbegleiterin die Eltern ein, sich auf ein Experiment einzulassen. Die Einladung bestand darin, einen Text anzuhören, den sie vorlesen wollte, und die aufkommenden Gefühle zuzulassen. Sie gab den Eltern ein Stück Kinderknete in die Hand, damit die Hände sich beschäftigen konnten.

Sie las den Eltern die Imagination über den »heilsamen Paradiesgarten« vor (Kachler, 2011, S. 184f.). In dieser Fantasiereise waren die Eltern eingeladen, sich den Himmel anzuschauen und sich vor ihrem inneren Auge ein Paradies vorzustellen, so wie sie es sich für ihr Kind wünschen würden. Sie waren eingeladen, ihr Kind zu spüren oder ihm zu begegnen. Bei der Rückkehr in das

Hier und Jetzt sollten sie das Gefühl mitnehmen, dass es ihrem Kind dort gut ging. Nach dem Vorlesen der Imagination gab es einen Austausch über das Erlebte.

Eine Mutter, die ihren erwachsenen Sohn durch Leukämie verloren hatte, hatte sich tief auf die Imagination eingelassen. Sie hatte sich daran erinnert, wie ihr Sohn immer an sie herangetreten war, wenn sie gekocht hatte. Sie spürte dann immer seinen Atem an ihrem Ohr, wenn er hinter ihr stand und ihr zuflüsterte, wie toll sie wieder gekocht habe. Diese Erinnerung war lange verloren gewesen. Sie war tief berührt darüber. Als sie nach der Imagination ihre Knete anschaute, sah sie, dass ihre Hände ganz unbewusst ein Ohr geformt hatten.

Ein Vater aus dieser Runde hatte seinen Sohn im Alter von 13 Monaten verloren. Er war beruflich sehr viel unterwegs und betrauerte zutiefst die Zeit, die er nicht da war, als sein Sohn klein war, und all die Dinge, die er dadurch mit ihm verpasst hat. Seine Hände formten während der Imagination eine Spieluhr. Es war für ihn ein sehr beruhigendes Symbol. Er stellte sich seinen kleinen Sohn im Paradies vor, wie er ganz in Frieden der Musik dieser Spieluhr lauschte. Gleichzeitig beruhigte es ihn selbst und er fand seinen eigenen Frieden.

Ein anderer Vater, der ein Baby verloren hatte, wollte gar nicht sprechen. Er äußerte nur, dass er noch so in den Bildern der Imagination unterwegs sei, dass er dieses schöne Gefühl noch nicht verlassen wolle.

Ein weiterer Vater, dessen Kind vor dreißig Jahren verstorben war und der sich selbst immer als sehr gefestigt und mit dem Tod seines Kindes im Reinen beschrieb, fand ebenfalls keine Worte. Er weinte viele Tränen. Dass ihn dieser Ort in der Imagination so berühren würde, hätte er nie geglaubt.

Die Eltern in der Gruppe wurden erst nach Abschluss der Imagination gewahr, wie tief sie sich eingelassen hatten und wie traurig-schön und heilsam dieses Einlassen für sie war. Die Bilder des sicheren Ortes und ihre damit verbundenen Gefühle trugen sie weit über die Gruppenstunde hinaus.

Der Bericht über diese Gruppenstunde zeigt Folgendes: Trotz aller Irrationalität angesichts des Todes, trotz aller Fragen, auf die Eltern nie eine Antwort bekommen werden, liefert das Werkzeug der Imagination eine Chance, einen individuellen Zugang zu ihrem Kind zu finden und eine Begegnung auf einer tiefen Ebene möglich zu machen. Diese tief empfundene Verbindung ist eine gute Option für die Integration des verstorbenen Kindes in ihr gegenwärtiges und zukünftiges Leben.

3.3 Vertrauen – die Verbindung von Werkzeug und Begleitsituation

Das vorangegangene Kapitel zeigte beispielhaft, wie die Werkzeuge der dargestellten Ansätze zum Einsatz kommen können. Es zeigte auch, wie eng Haltung und Werkzeug miteinander verbunden sind. Im personzentrierten Ansatz ist die Haltung gleichzeitig das Werkzeug und mit seinen Überzeugungen immer im Einsatz. Mit Echtheit, Empathie und Wertschätzung sind Trauerbegleiter »handwerklich« in der Lage, trauernde Eltern in allen Belangen zu begleiten. Auch der ressourcenorientierte Ansatz ist in seinem Glauben an das Vorhandensein hilfreicher Ressourcen eine positive Haltung. Der auf die Ressourcen des Trauernden gerichtete Blick benennt und sucht immer wieder nach Kräften, die die trauernden Eltern bestärken können. Verständnis für die Problematiken des Familiensystems der trauernden Eltern und die Anteilnahme am tiefen Wunsch der Eltern, ihre Trauer in ihr Leben zu integrieren, können sich Trauerbegleiterinnen durch Fragen erschließen. Sie sind ein hilfreiches Instrument, da Fragen und Antworten neue

Räume eröffnen und neue Denkweisen zulassen und ermöglichen können. Dies gilt sowohl für die Trauernden als auch für die Trauerbegleiter selbst. Die Erweiterung des Blicks auf das innere System der trauernden Eltern und die Öffnung der inneren Räume durch Imaginationen ermöglichen das Finden eines Ortes, an dem die Liebe zum Kind einen behüteten Platz hat.

Der Trauerweg eines jeden Elternteils geht seinen eigenen Weg in seinem eigenen Tempo und ist nicht planvoll. Trauerbegleitung ist deshalb nicht planbar. Die Intuition des Trauerbegleiters ist in der Begleitsituation ein starker und wichtiger Partner, an dem man sich vertrauensvoll orientieren darf. Im Gegenüber mit den trauernden Eltern wird sich zeigen, was sie gerade benötigen. Im Einlassen auf die Situation wird dem Trauerbegleiter gewahr werden, was er als Unterstützung anbieten kann. Das einfach »Da-Sein«, eine spannende Frage, eine Imagination, das Angebot der Gestaltung eines Rituals, ein tröstendes Wort. Die haltungsbezogenen und dargestellten Werkzeuge stellen einen Ausschnitt der Möglichkeiten dar. Das Vertrauen, dass Eltern ihren Weg gehen werden, darf hier übertragen werden auf das Vertrauen, dass Trauerbegleiter in der Begleitung ebenfalls zur rechten Zeit wissen, was sie tun können und welches Instrument zu ihnen und der Situation passt.

3.4 Selbstschutz und Selbstpflege

Im vorangegangenen Kapitel lag der Fokus darauf, Werkzeuge vorzustellen, mit deren Hilfe Trauerbegleiterinnen trauernde Eltern auf ihrem Weg unterstützen können. Dem Einsatz der Werkzeuge liegt unisono eine Haltung zugrunde, die von Wertschätzung gegenüber den Trauernden, von der Akzeptanz ihrer individuellen Situation, vom positiven Blick auf die Ressourcen und vom Glauben an eine »gute« Zukunft geprägt ist.

Es ist selbstredend, dass Trauerbegleiter diese Sicht auch auf sich selbst richten müssen. Auf dem individuellen Weg der Begleitung trauernder Eltern braucht es unbedingt die Sorge um das eigene Wohlergehen, damit die Trauerbegleitung gelingen kann. Denn: »Ich kann nur soweit auf andere eingehen, wie ich auf mich achte« (Rechenberg-Winter u. Fischinger, 2018, S. 123). Dieses Postulat sozialer Kompetenz ist in zweifacher Hinsicht von Bedeutung.

Erstens: Wenn ich »gut« begleiten möchte, muss ich auf mich achten. Dies ergänzt direkt die Aussagen zum Ende des letzten Kapitels. Für eine gute Begleitung darf und muss ich vertrauen, und damit dies gelingt, muss ich gut auf mich achten. Zweitens: Ich muss auf mich achten, wenn ich Menschen in tiefer Trauer und Krisen begleite, weil eine Begleitung trauernder Eltern die Kraft und die Ressourcen der Begleitenden benötigt. Diese Kraftquellen müssen wieder aufgefüllt werden.

Wie gelingen die Selbstpflege und der Selbstschutz? Nach Backhaus (2017, S. 163 ff.) braucht es dazu folgende Fähigkeiten und Achtsamkeiten:

- sich selbst gegenüber genauso achtsam sein wie gegenüber den Trauernden;
- die Auseinandersetzung mit der eigenen Trauererfahrung, um sie von der Trauererfahrung der Eltern trennen zu können;
- das Nehmen und Geben aus dem trauerbegleitenden Engagement reflektieren und die Balance halten;
- das Bild einer eigenen Weltanschauung haben und daran beständig weiterarbeiten;
- an das eigene Wohl denken, ein gesundes Gleichgewicht zwischen Mitgefühl und Abstand finden und halten;
- das Leben genießen mit allem, was Freude bereitet und stärkt.

In diesem Sinne möge es allen Menschen, die trauernde Eltern begleiten, gelingen, sich selbst ebenso gute Weggefährten zu sein.

Schlussbemerkung

Wie die Statistiken zeigen, sterben täglich sehr viele Kinder auf der Welt. Hier in unserer westeuropäischen Welt mit den hohen Gesundheitsstandards ist die Kindersterblichkeit wesentlich geringer als in vielen anderen Ländern der Welt. Während in Deutschland jährlich nur etwa vier von tausend Kindern im Alter bis zu fünf Jahren sterben, sind es beispielsweise auf Madagaskar 54, in Äthiopien 81 und in Angola sogar 181 Kinder (Barzel, o. J.). In den meisten Teilen der Erde kommt der Kindestod viel häufiger vor. Noch zu Zeiten meiner Urgroßeltern und Großeltern wurden auch hier selten alle Geschwister erwachsen.

Wir sind nicht Herrscher über Leben und Tod. Die Geburt von Kindern ist der »Ruf des Lebens nach sich selbst«, wie Khalil Gibran in seinem Gedicht »Von den Kindern« (Gibran, 2016, S. 19) so schön erzählt. Wenn Kinder oder junge Menschen sterben, so ist auch das Teil des Kreislaufs des Lebens. »Was kommt, das geht.« Das sagt Knietzsche, eine Comicfigur im multimedialen Schulfernsehen »Planet Schule«, das in kleinen Filmen Schulkindern das Thema »Sterben, Tod und Trauer« näher bringen möchte.

In unserem Kulturkreis kommt der Tod eines Kindes nur noch vergleichsweise selten vor. Aus diesem Grund und weil so viel an Trauerkultur verloren gegangen ist, haben viele Menschen es nicht gelernt, den Tod eines Kindes als Teil des Lebens anzunehmen. Ich wünsche mir, dass dieses Buch auch hierzu die Tür ein wenig weiter öffnen kann:

- für *Trauerbegleiter* und alle anderen Menschen, die trauernden Eltern offen begegnen und sie ein Stück ihres Weges begleiten wollen. Sie geben den Eltern die Möglichkeit, über ihre Trauer und ihr Kind zu sprechen.
- für *Eltern,* die die Trauer um ihr Kind auch als Chance begreifen (können). Sie können ihren Kindern und anderen Menschen zeigen und sie lehren, dass man auch den Tod eines Kindes in sein Leben integrieren kann. Damit werden trauernde Eltern im Umgang mit ihrer Trauer zum Vorbild für diese und für die nächste Generation.
- für unsere *Kinder.* Wir können viel von ihnen lernen. Von den Kindern, die gegangen sind und uns ihr Vermächtnis und diese Chance hinterlassen haben, und von den Kindern, die leben, weil sie alle der »Ruf des Lebens nach sich selbst« sind.

In tiefer Dankbarkeit für jede Erfahrung des Lebens, die ich machen durfte, danke ich vor allem meinen vier Töchtern, die mich so unendlich viel gelehrt haben auf meinem Weg bis hierher.

Mein Dank geht auch an alle trauernde Eltern, Trauerbegleiter und Menschen, die mich bei der Arbeit an diesem Buch getragen und unterstützt haben. Er kommt aus tiefstem Herzen.

Christa Meuter

Literatur

Aeternitas e. V. Das Duale Prozess-Modell der Bewältigung von Verlusterfahrungen (DPM). Zugriff am 19.12.2017 unter https://www.gute-trauer.de/inhalt/trauer/modelle/duales_prozess_modell

Aeternitas e. V., Willmann, H., Müller, H. (2017). Über den Tod hinaus. Vom Lösen und Fortsetzen der Bindung zum Verstorbenen. Zugriff am 19.12.2017 unter http://www.gute-trauer.de/inhalt/vortragsmodule_trauer/trauer_continuing_bonds/text_continuing_bonds.pdf

Backhaus, U. (2017). Personzentrierte Beratung und Therapie bei Verlust und Trauer. München: Reinhardt.

Barzel, S. (o. J.). Weltrangliste der Kindersterblichkeit der Staaten der Welt. Zugriff am 04.12.2017 unter https://welt.sebaworld.de/bevoelkerung/kindersterblichkeit-1.php

Bonanno, G. A. (2012). Die andere Seite der Trauer. Verlustschmerz und Trauma aus eigener Kraft überwinden. Bielefeld: Aisthesis, Edition Sirius.

Boothe, B., Frick, E. (2017). Spiritual Care. Über das Leben und Sterben. Zürich: Orell Füssli.

Bundesinstitut für Bevölkerungsforschung (2017). Müttersterblichkeit. Zugriff am 07.12.2018 unter https://www.bib.bund.de/DE/Fakten/Fakt/S43-Muettersterblichkeit-ab-1892.html

Gibran, K. (2016). Der Prophet (11. Aufl.). München: dtv.

Guhl, M. (2018). Resilienz – die Strategie der Stehauf-Menschen. Krisen meistern mit innerer Widerstandskraft. Freiburg: Herder.

Heller, J. (2013). 7 Schlüssel für mehr innere Stärke. München: Gräfe und Unzer.

Kachler, R. (2009). Meine Trauer wird dich finden. Ein neuer Ansatz in der Trauerarbeit (10. Aufl.). Freiburg: Kreuz.

Kachler, R. (2010). Hypnosystemische Trauerbegleitung. Ein Leitfaden für die Praxis (4. Aufl.). Heidelberg: Carl-Auer.

Kachler, R. (2011). Damit aus meiner Trauer Liebe wird. Neue Wege in der Trauerarbeit (4. Aufl.). Freiburg: Kreuz.

Kachler, R., Majer-Kachler, C. (2013). Gemeinsam trauern – gemeinsam weiter lieben. Das Paarbuch für trauernde Eltern. Freiburg: Kreuz.

Kindl-Beilfuß, C. (2017). Fragen können wie Küsse schmecken. Systemische Fragetechniken für Anfänger und Fortgeschrittene (7. Aufl.). Heidelberg: Carl-Auer.

Kränzle, S. (2017). Sich distanzieren müssen, um professionell zu sein – Ist es das, was wir wollen? Leidfaden, 2, 38–40.

Lothrop, H. (2016). Gute Hoffnung, jähes Ende. Fehlgeburt, Totgeburt und Verluste in der frühen Lebenszeit. München: Kösel.

Meier-Braun A., Schlüter, C. (2017). Die gewandelte Trauer. Eine Ermutigung für verwaiste Eltern. München: Claudius.

Mucksch, N. (2015). Trauernde hören, wertschätzen und verstehen. Die personzentrierte Haltung in der Begleitung. Göttingen: Vandenhoeck & Ruprecht.

Müller, M., Brathuhn, S., Schnegg, M. (2019). ÜbungsRaum Trauerbegleitung. Methodenhandbuch für die Arbeit mit Trauernden. Göttingen: Vandenhoeck & Ruprecht.

Paul, C. (2017). Wir leben mit deiner Trauer. Für Angehörige und Freunde. Gütersloh: Gütersloher Verlagshaus.

Rechenberg-Winter, P., Fischinger, E. (2018). Kursbuch systemische Trauerbegleitung (3., vollst. überarb. und erw. Aufl.). Göttingen: Vandenhoeck & Ruprecht.

Rode, B.-S. (2014). Von Libellen, Schmetterlingen und dem Tanz auf dem Regenbogen. Jenseitsbotschaften von Eltern, Kindern und Geschwistern. Berlin: Allegria.

Rogers, C. R. (2000). Entwicklung der Persönlichkeit. Psychotherapie aus der Sicht eines Therapeuten (13. Aufl.). Stuttgart: Klett-Cotta.

Schnegg, M. (2014). Erwärmen in der Trauer. Psychodramatische Methoden in der Begleitung. Göttingen: Vandenhoeck & Ruprecht.

de Shazer, S., Dolan, Y. (2016). Mehr als ein Wunder. Lösungsfokussierte Kurztherapie heute (5. Aufl.). Heidelberg: Carl-Auer.

Statistisches Bundesamt (2017). Gesundheit. Todesursachen in Deutschland. Fachserie 12, Reihe 4. Wiesbaden: Statistisches Bundesamt.

Wikipedia. Elternschaft. Zugriff am 17.10.2017 unter https://de.wikipedia.org/wiki/Elternschaft

Worden, J. W. (2011). Beratung und Therapie in Trauerfällen. Ein Handbuch (4. Aufl.). Bern: Huber.